A GERAÇÃO DO QUARTO

A GERAÇÃO DO QUARTO

HUGO MONTEIRO FERREIRA

Quando crianças e adolescentes nos ensinam a amar

9ª edição

EDITORA RECORD
RIO DE JANEIRO • SÃO PAULO
2025

CIP-BRASIL. CATALOGAÇÃO NA PUBLICAÇÃO
SINDICATO NACIONAL DOS EDITORES DE LIVROS, RJ

F441g
9. ed.

Ferreira, Hugo Monteiro
    A geração do quarto: quando crianças e adolescentes nos ensinam a amar/ Hugo Monteiro Ferreira. - 9. ed. - Rio de Janeiro: Record, 2025.

   Inclui bibliografia
   ISBN 978-65-5587-394-8

   1. Isolamento social. 2. Isolamento doméstico. 3. Solidão em crianças. 4. Solidão em adolescentes. 5. Internet - Aspectos sociais. I. Título.

21-73733

CDD: 302.545083
CDU: 316.613.43-053.2-053.6

Meri Gleice Rodrigues de Souza - Bibliotecária - CRB-7/6439

Copyright © Hugo Monteiro Ferreira, 2022

Todos os direitos reservados. Proibida a reprodução, armazenamento ou transmissão de partes deste livro, através de quaisquer meios, sem prévia autorização por escrito.

Texto revisado segundo o Acordo Ortográfico da Língua Portuguesa de 1990.

Direitos exclusivos desta edição reservados pela
EDITORA RECORD LTDA.
Rua Argentina, 171 – Rio de Janeiro, RJ – 20921-380 – Tel.: (21) 2585-2000.

Impresso no Brasil

ISBN 978-65-5587-394-8

Seja um leitor preferencial Record.
Cadastre-se em www.record.com.br
e receba informações sobre nossos
lançamentos e nossas promoções.

Atendimento e venda direta ao leitor:
sac@record.com.br

Dedico às crianças e aos adolescentes, à minha filha, do jeito que ela *é*, do jeito que ela pode *ser*, e ao menino Hugo, aquele que atravessou o bullying e chegou aqui, grato ao Universo...

Sumário

Gratidão	9
Prefácio	11
1. Uma tentativa de ajudar	15
2. A geração do quarto	19
Uma geração adoecida	20
Uma geração solitária dentro de casa	24
Uma geração conectada com o mundo,	
mas sem diálogo em casa	28
3. A família	33
As novas configurações de família	34
Os desafios da família	39
4. O quarto	43
Quem está dentro do quarto	43
Como se foi entrando no quarto	48
5. A escola	55
Uma escola que não ajuda	55
Uma escola disciplinar e violenta	59
6. A aids, a gravidez na adolescência e o uso abusivo de álcool	67
O desafio da aids	68
A gravidez na adolescência	73
O uso abusivo de álcool	77
7. Os ídolos	81
O caso dos youtubers	81
Não é mesmo uma questão de grife	86
Os sons e as músicas, as plataformas que formam	89
8. O corpo e a mente	93

O corpo como um espaço de apresentação da dor	94
Nem tudo é só corpo	100

9. As relações humanas — 105
As questões estão sobre a mesa? — 106
É melhor não querer saber aquilo que incomoda? — 110
Filhos são chances — 114

10. A geração do quarto nos ensina a amar — 115
O amor que vem do silêncio — 116
A vida nem sempre é leve — 120
Nada de fracassados, temos um mundo novo — 123

11. As emoções — 127
A escuta como estratégia de ajuda — 127
As emoções não devem ser negligenciadas — 130
*O cuidado, o autoconhecimento, a convivência,
o diálogo, a amorosidade: pilares para uma educação
saudável* — 134

Conclusão — 139
Notas — 143
Referências bibliográficas — 147

Gratidão

Ao Universo, porque somos Ele;

À Vida, porque somos Ela;

Às crianças e aos adolescentes, porque me fazem o bem melhor que o bem tem;

À Santa Teresinha, porque me traz as infâncias lúdicas das quais necessito todos os dias em minha jornada terrena;

Aos adultos sensíveis, porque cuidam bem de seus filhos e oferecem a eles possibilidades de vida, com compreensão e cuidado;

A Josete, porque não largou a minha mão nem pretende largar;

A Janusz Korczak, porque me fez perceber as infâncias;

Ao GETIJ, porque me abriu a porta do quarto onde também já estive;

Ao Núcleo do Cuidado Humano, porque me cuida e porque cuido dele;

A Humberto Miranda, porque me fez ratificar as infâncias;

A Carlos Henrique Aragão Neto, porque quis muito este livro vivo;

A Bebel Soares, porque me deu uma BH cheia de famílias;

A Fernando Ilídio e Andréa Duarte, porque amam as crianças;

A Cynthia Lira, porque sabe que as infâncias existem em nós;

A Eliana Yunes, sempre luz no meu caminho;

A João Guilherme, porque desde muito pequeno riu comigo;

A Liliane Viana, porque acredita que eu digo coisas necessárias às infâncias;

A Sonia, porque sempre quis ler meus livros;

A Laura van Boekel, porque nunca desistiu de mim;

A Afonso Borges, porque tem a poesia da infância na alma.

Prefácio

QUANDO O QUARTO DE UMA GERAÇÃO (MESMO EM PERIGO) NOS ENSINA A AMAR

Estudos historiográficos apontam que, em meados do século XX, as casas, sobretudo as ocidentais, passaram por transformações que promoveram uma reorganização espacial nos cômodos dos lares. O quarto, que em determinados tempos históricos foi lugar para muitos, dividido por vários, passou a ser uma espécie de templo do indivíduo, lócus em que se experimentava a intimidade.

O quarto, ao tempo que era sagrado à individualidade, era também promotor de liberdade, permitia silêncios e possibilitava aconchegos e cuidados. Um verdadeiro hábitat para quem queria paz e recolhimento.

Em seu livro *A geração do quarto: quando crianças e adolescentes nos ensinam a amar*, Hugo Monteiro Ferreira nos faz perceber o quarto como um espaço do isolamento psicossocial, onde meninos e meninas vivenciam diversas formas de sofrimento socioemocional e mental, e se desdobram experiências traumáticas, muitas vezes de difícil identificação pelas famílias e pelas escolas.

Dentro do quarto, explica-nos Ferreira, crianças e adolescentes atravessam tormentas psíquicas: sentem-se isoladas, solitárias, incompreendidas, violentadas e, por vezes, em sua grande maioria, recorrem às redes sociais digitais, como tentativa de comunicação com o mundo.

A geração do quarto adverte-nos que as famílias e as escolas precisam "escutar" meninos e meninas e rever posturas e procedimentos, bem como formas de educar e jeitos de orientar. A fragilidade socioemocional dos filhos e das filhas deflagra a fragilidade socioemocional dos pais e das mães. Não são só as crianças e os adolescentes que estão no quarto — os adultos também estão.

O quarto é a metáfora da família que não dialoga, mas grita; da escola que não acolhe, mas exige o desempenho das notas. É a metáfora da não escuta, do não diálogo, do não acolhimento e da dificuldade de dizer "não".

Este livro coloca em tela o cotidiano de crianças e adolescentes marcados pelo adoecimento emocional e/ou mental e se debruça sobre o espaço "quarto", sem deixar de produzir conexões para além desse cômodo. Famílias, comunidades, escolas e redes sociais virtuais passam a ser problematizadas como espaços fundamentais para entender a questão do adoecimento que atinge de forma expressiva meninos e meninas e o universo social que os norteia.

Hugo Monteiro Ferreira desconstrói a perspectiva positivista de geração baseada em classificação eminentemente etária e biologizante, problematizando historicamente como se produziram os diferentes conceitos e categorizações, entendendo que as gerações não se excluem e devem ser vividas para além dos enquadramentos.

Ao analisar a questão do sofrimento socioemocional vivido por muitos meninos e muitas meninas, o autor coloca em tela os desafios das famílias e dos profissionais da educação. Nesse processo, problemas como a prática de bullying ou ciberbullying, as questões relacionadas à aids, à gravidez na adolescência e ao uso abusivo de álcool também são postos como elementos que tornam o debate ainda mais denso e complexo.

Hugo Monteiro Ferreira entende que a "geração do quarto" é uma geração conectada com o mundo virtual, mas distante daqueles com quem divide o mesmo teto. As famílias e suas diferentes configurações se apresentam como grupos que precisam repensar práticas de atenção e respeito às diferenças para que seus laços de afetos sejam fortalecidos.

A GERAÇÃO DO QUARTO 13

O livro é resultado de pesquisa com e sobre infâncias e adolescências — mais de 3 mil crianças e adolescentes, entre 11 e 18 anos, de cinco capitais brasileiras, foram ouvidos. O respeito a questões de gênero, orientação sexual, etnia, religião e situação socioeconômica fortaleceu a pluralidade das trajetórias de vida das meninas e dos meninos ouvidos.

Hugo entende que crianças e adolescentes nos ensinam, ainda que com o sofrimento da mente e do corpo, que o desamor causa adoecimento, gera sofrimento e provoca destruição; e também nos alertam para a relevância de práticas compassivas, empáticas, compreensivas, cuidadosas, nos fazem entender que se não atentarmos ao que lhes acontece não conseguiremos reverter a difícil situação.

O livro termina com uma espécie de clamor aos adultos e às adultas: não desprezem as crianças, os adolescentes; ouçam suas vozes, seus corpos, respeitem as suas ideias, seus pensamentos e sentimentos — essas crianças e esses adolescentes, quando bem-cuidados, são mestras e mestres na arte de transformar a vontade da morte em vontade de vida e o sentimento da dor em sentimento do amor.

HUMBERTO DA SILVA MIRANDA
Doutor em História das Infâncias
Recife, maio de 2020

1. Uma tentativa de ajudar

Sabia que não seria simples enveredar pelos caminhos da discussão que ora me proponho a fazer aqui: ou porque o que quero dizer não é fácil de ser dito, ou porque o que digo não é fácil de ser ouvido — ou lido —, ou porque fiquei tocado pelo que li, ouvi e vi durante esses anos de pesquisa teórica e empírica.

Minhas impressões sobre o "quarto" onde estão meninas e meninos adoecidos não são senão um jeito de tentar ajudar, um jeito de me dispor a ouvir, a acolher e a cuidar. As meninas e os meninos que conversaram comigo me disseram que se sentem "sozinhos", que sentem "um vazio", que não gostam "de si mesmos", que estão em "desespero" e que preferiam "morrer".

Desafiador ouvir em silêncio os relatos de medo, de angústia, de ansiedade, de vulnerabilidade. "No quarto, eu fico menos mal, entende?", me disse P., menina de 11 anos de idade, residente em uma das cidades lócus, estudante do 7º ano do ensino fundamental. "Tiro nota boa. Aí, ninguém me percebe tanto. Veem mais a gente quando a gente fica ruim nas provas."

Este livro é uma tentativa de ajuda, uma espécie de alerta. Durante a pesquisa empírica, uma adolescente de 13 anos me perguntou: "Será que você pode me ajudar? Tenho pensado muito em me matar, mas meu avô não sabe. Eu chego em casa, me enfio no quarto. Não saio de lá [...]."

O quarto é, como direi mais adiante, uma metáfora, uma figura de linguagem, algo que me faz concluir: *nossas crianças e nossos adolescentes pedem ajuda*. Não estão bem emocionalmente. Estão sofrendo. Pedem socorro:

[...] na minha sala, na escola, tem mais além de mim. A gente formou um grupo e, nas quartas-feiras, a gente se corta e, depois, a gente chora junto e, depois, a gente lista o que deve ser feito primeiro, se queimar a mão ou usar a corda no pescoço. Mas ninguém fala, é claro!!! Você pode ajudar? (N., 13a, Recife)

Para tentar ajudar "quem consegue pedir ajuda", eu me determinei a estudar acuradamente o que estava conhecendo. Mas o que exatamente eu estava conhecendo? "Eu passo o tempo todo dentro do quarto quando chego em casa. E, dentro do quarto, eu faço tudo, ali é meu mundo, ali é minha casa. Só eu e meu celular, só eu e minha música, e só eu e meus cortes e minha vontade de sumir dali, daquela casa [...]."

Há um grupo de meninas e meninos, de 11 a 18 anos, frágeis emocionalmente, que demonstra sérios problemas de convivência entre os seus pares e também com os adultos com os quais convivem. Eles passam mais de seis horas por dia visivelmente isolados, o que demonstra profundo sofrimento psíquico.

A esse grupo de meninos e meninas chamei de "geração do quarto", uma vez que todos possuem uma característica comum: passam muito tempo dentro desse cômodo, com quase nenhuma interlocução com as pessoas que moram na mesma casa, muita dificuldade de dizer o que sentem e um potencial de violência contra si ou contra o outro muito intenso, muito forte.

Há décadas, ministro palestras para educadores, pais, mães, profissionais da saúde mental, assistentes sociais, e tenho, ao longo desse tempo, coletado muitos pedidos de ajuda também dos adultos atônitos que veem suas crianças e seus adolescentes emocionalmente doentes, mas não sabem exatamente como podem ajudar, o que devem fazer, de que maneira conseguem colaborar para que as situações melhorem. Este livro, de certo modo, emerge por isto: porque quero ajudar. Durante dois anos, ouvi 3.115 meninos e meninas, matriculados em escolas públicas e privadas de cinco capitais brasileiras — duas da região Sudeste, Rio de Janeiro e Belo Horizonte; e três da região Nordeste, Recife, Maceió e Natal.

Para que pudesse ouvi-los, criei um questionário, constituído de setenta perguntas, subdivididas em cinco blocos temáticos, e o apliquei. A aplicação

A GERAÇÃO DO QUARTO

foi sequenciada, de modo que fiz primeiro e por ordem de análise Recife, Maceió e Natal, e, depois, segui para Rio de Janeiro e Belo Horizonte. Garanti, como poderemos ver, o anonimato dos respondentes. As pessoas que responderam aos questionários tinham entre 11 e 18 anos, e eram de gênero, orientação sexual, etnia, religião e situação socioeconômica diversificados. Um público plural como acredito que seja a vida.

Após a aplicação do questionário, segui com outra etapa da coleta de informações. Selecionei 238 respondentes que tinham se envolvido com bullying ou ciberbullying, se autolesionado sem intenção suicida e tentado suicídio uma ou mais de uma vez. Esses jovens selecionados concordaram, com autorização dos responsáveis, em responder a perguntas sobre os temas que constituem este livro. Além desses 238 jovens, pais, mães e responsáveis também participaram dessa etapa.

Além das entrevistas, de natureza semiestruturada, realizei em cada capital, nas escolas onde os adolescentes estavam matriculados, rodas de discussão para aumentar as informações que me levariam à escrita deste livro e muito provavelmente à produção de outro que dará continuidade ao que comecei aqui.

De posse do material, iniciei minha escrita. Quis, como será percebido ao longo da leitura, apresentar reflexões por meio de uma linguagem simples e acessível, uma vez que a minha intenção é que este livro seja lido pelo maior número possível de pessoas e mais especialmente pelos pais e pelas mães, pelos professores, por psicólogos, psicopedagogos, assistentes sociais, psiquiatras e todos os demais profissionais que se preocupam com a saúde física, emocional e mental de crianças e adolescentes.

Também quero, e muito, que crianças e adolescentes leiam este livro e digam se o que escrevo aqui faz sentido para eles. Na verdade, as crianças e os adolescentes são a grande causa/motivação deste trabalho. Sei, obviamente, da limitação de minhas análises e do quanto temas como os aqui abordados podem ser aprofundados em obras "mais científicas", digamos assim. No entanto, minha intenção foi introduzir reflexões.

É evidente para mim que, além das limitações, certamente, há defesas de ideias que não são comuns nem estão de acordo com todas as pessoas que irão ler meu livro. Estou ciente de que um livro com temática tão relevante gerará discussões e reflexões das mais diversas caso seja cuidadosamente lido e amorosamente acolhido. Não é um livro de certezas fechadas, mas de incertezas propositivas, por isso passível de conversas dialógicas.

Há uma geração (considerando o conceito de geração aqui apresentado) que apresenta evidências da fragilidade de suas emoções e um aumento ostensivo de adoecimento mental. Essas pessoas passam muito tempo dentro de seus quartos e possuem uma larga experiência, apesar da pouca idade, de relações humanas via mundo digital.

Na verdade, "geração do quarto" não é necessariamente uma expressão que se aplique a um determinado período etário, e sim a um grupo de pessoas adoecidas emocional e/ou mentalmente e que, como iremos dizer, passa cerca de seis horas de suas vidas dentro dos quartos e isoladas das outras pessoas que estão dentro de suas casas. A geração do quarto não é, nesse sentido, sinônimo de categorias sociais como "geração Y", "geração Z", "millennials", "nem-nem", "selfie" e "on-line".

Ao longo dos capítulos constitutivos deste livro, onze ao todo, serão lidas 123 falas dos interlocutores. As falas pertencem, em sua maioria, a meninos e meninas respondentes do questionário aplicado e participantes das rodas de discussão realizadas nas escolas. Além de falas de crianças e adolescentes, poderão também ser lidas falas de adultos, as quais contextualizam situações relacionadas às temáticas centrais desta obra. Os capítulos estão subdivididos em tópicos que ajudam o leitor na compreensão das argumentações apresentadas e que possuem relação com o que se objetivou com a pesquisa: a reflexão sobre como a condição de fragilidades das crianças e dos adolescentes põem em causa o *modus vivendi* dos adultos.

Espero que, com as reflexões aqui apresentadas, eu tenha conseguido ajudar as pessoas a se acolherem mais e a erradicarem de suas convivências rejeições preconceituosas. Sinceramente, é o que realmente desejo, é o que almejo, é o que realmente espero.

2. A geração do quarto

Parece cocaína, mas é só tristeza,
Talvez tua cidade
Muitos temores nascem do cansaço
E da solidão
Descompasso e desperdício
Herdeiros são agora da virtude que perdemos.
[...]
E há tempos são os jovens que adoecem.
E há tempos o encanto está ausente,
E há ferrugem nos sorrisos,
E só o acaso estende os braços a quem procura abrigo e proteção.
Meu amor,
Disciplina é liberdade.
Compaixão é fortaleza.
Ter bondade é ter coragem.

Legião Urbana, "Há tempos", 1989

UMA GERAÇÃO ADOECIDA

A geração do quarto, segundo dados coletados em cinco estados brasileiros (Pernambuco, Rio Grande do Norte, Alagoas, Rio de Janeiro e Minas Gerais), com meninos e meninas de 11 a 18 anos de idade, bem como com os adultos responsáveis legalmente por eles, é aquela que passa cerca de seis horas por dia, quando não está em atividades fora de casa, dentro dos quartos e que apresenta comportamentos adoecidos, perigosos e frágeis emocional e mentalmente.[1]

> De boa, passo muito tempo da minha vida no quarto. Tá ligado? É um canto só meu. No quarto, já fiz tudo. Também já pensei em fazer besteira. Tá ligado? (L., 14a, Recife)

> Fico mais tempo do que no resto da casa. Só saio pra comer, saca? Tem dia que nem pra comer. Ninguém me pergunta nada. Só ficaram mais preocupados, minha mãe e meu pai, quando a professora falou que me cortei. (C., 17a, Belo Horizonte)

Talvez seja o isolamento da família uma das principais características dessa geração que não se sente confortável senão dentro de seus quartos e, de modo geral, longe das outras pessoas que moram na mesma residência. É evidente que a palavra "quarto" é uma metáfora, tendo em vista que ela traduz uma figura de linguagem. A palavra "quarto", neste livro, pode ser substituída pela palavra "adoecimento" ou, como quer J.D. Nasio, por "comportamento perigoso".[2]

> Quando eu me corto no braço, quero colocar no braço essa angústia foda que tenho aqui. Aqui dentro de mim. (B., 16a, Rio de Janeiro)

A geração do quarto está adoecida, ainda que estude, ainda que tenha amizades, ainda que aparente comer bem, ainda que passe a impressão

A GERAÇÃO DO QUARTO

de que dorme bem e de que tudo está "bem". Mas não, não está. É uma geração que se isola, porque encontra no isolamento uma maneira de se colocar, de sobreviver, de ser e de estar no mundo. Poderia ser mais uma "neotribo", e talvez seja.[3] O problema é que a geração do quarto sofre uma dor existencial profunda e, muitas vezes, deseja a morte como forma de se anunciar.

> O que mais penso é em morrer, em me matar, em parar de sofrer tanto e me mostrar para toda a gente que vive me atormentando. (H., 14a, Maceió)

O isolamento da geração do quarto ocorre em meio a uma profunda angústia, um sofrimento contundente, uma inquietação mental, uma ausência de vinculação afetiva de modo vertical, um vaivém emocional, algo como não saber o que fazer diante de tantos desafios impostos pela vida cotidiana. "As emoções adoecidas governam" essa geração, e a maneira que ela encontrou de pedir socorro foi, em muitas situações, marcando seus corpos.

> Minha filha já fez quatorze tatuagens. Ela nunca me disse por que faz tanta tatuagem. Ela diz que gosta, mas, de verdade, eu sinto que cada desenho desse, no corpo dela, é uma história que ela viveu. Não sei se é bom esse corpo marcado. (M., 35a, Natal)

Há um profundo "vazio dentro do meu peito, tipo como um saco cheio de nada, mas um saco furado", diz um interlocutor do estudo. Essa "galera" do quarto também poderia ser compreendida como um "grupo" que sente esse "vazio de sentido".[4] A angústia que esses meninos e essas meninas experimentam não está necessariamente relacionada às frustrações comuns da infância e da adolescência — é mais intensa e densa, visto que é, para eles, dilaceradora.

> Eu acho que não sou normal feito todo mundo que conheço, quer dizer, de boa, a maioria que eu conheço vive bem, mas é um "bem", assim, sem alegria. Tá ligado? (M.C., 16a, Recife)

O isolamento social, a angústia, a sensação de vazio e a ausência de sentido estão no dia a dia desses meninos e meninas com os quais conversei ao longo de nossa pesquisa empírica. São pessoas que, ainda muito jovens, sentem densidades emocionais enormes sobre as costas e não conseguem lidar com elementos importantes para a estruturação de suas subjetividades. Conforme nos explica Nasio, são crianças e adolescentes que sofrem inconscientemente e possuem "comportamentos perigosos":

> Comportamentos depressivos. Isolamento. Tentativa de suicídio. Suicídio. Polidependência. Consumo de drogas pesadas. Bebedeiras reiteradas. Pornografia em excesso. Anorexia. Bulimia. Apatia escolar e absenteísmo. Escapadas. Vandalismo. Violência contra os outros e contra si mesmo. Estupros. Ciberdependência e uso exagerado de chats.[5]

A dor emocional parece ser um traço forte desse grupo de crianças e adolescentes. Todos sofrem dentro e fora de casa. No universo de quem não consegue dar conta da vida como ela se apresenta, há uma tentativa constante de resistir a uma existência na qual o cotidiano não é "legal".

> Eu não gosto de ser assim como sou. Tá ligado? (P., 13a, Belo Horizonte)

Ser como se é, quando se é alguém que não se parece com o modelo de ser que lhe disseram "correto", pode configurar um deslocamento, uma inadequação, uma não relação biunívoca, uma espécie de desentrosamento e, portanto, de incômodo. A geração incomodada consigo mesma, com o que dizem sobre ela, com o que ela vê no espelho, que lhe mostra o que não quer ver.

A geração do quarto nem é "geração Z", nem é "selfie", nem é "on-line", nem é de "millennials". Ela pede ajuda, e seus corpos, usados das mais diversas formas, têm sido campo de registro para que a dor não passe despercebida pelos cantos da casa e pelos muros da escola. Eles gritam e se marcam, se mutilam, se hipertrofiam, alargam orelhas, perfuram bocas e

A GERAÇÃO DO QUARTO

órgãos genitais, pintam os cabelos de cores várias, ficam e deixam de ficar, não se vinculam afetivamente.

Apesar disso, a geração do quarto sabe lidar com as redes sociais digitais, com os aparelhos celulares, com as novas formas de comunicação virtual. No entanto, todas as coisas são feitas, realizadas e condicionadas a um não estar bem no mundo, no grupo, nas imagens, nos estilos, nas tribos.

O adoecimento da geração que passa horas dentro dos quartos não deve ser confundido com uma espécie de característica normal daqueles que experimentam ou, como se gosta de dizer, atravessam a infância, a adolescência. Existem nessas pessoas sobre as quais tratamos aqui fissuras emocionais que as levam ao sofrimento. O sofrimento que traduz a sensação de desvinculação da vida com os seus.

> Não me dá mais vontade de nada. Bate um baixo-astral geral. Eu não quero mais nada. Só ficar no meu quarto. Lá, ao menos, ninguém me incomoda, nem eu incomodo ninguém. (I., 17a, Natal)

Michel Maffesoli assinala que as novas gerações, aquelas que surgiram após o advento da internet, apresentam características muito peculiares.[6] Uma delas é a sensação de que a vida é efêmera, rápida, e que não se deve aguardar o amanhã, deve-se experimentar e viver hoje. Uma espécie de vida *carpe diem* ou uma vida neoclássica, para quem vale o "instante já", sem muitos vínculos.

No entanto, quando se associa essa característica da desvinculação emocional com a sensação de vazio, de que não existe sentido para o sentido de existir, aquela ideia de enteléquia, propagada por Karl Mannheim,* sobre as características comuns que unem uma geração, os traços identitários que as definem, isso tudo, de certo modo, perde a força.

É como se essa geração não conseguisse de modo evidente enfrentar os desafios da vida, sem que, para tanto, pensasse na hipótese da morte.

> A minha vontade mesmo é morrer. (R., 11a, Recife)

---

* Karl Mannheim (1893-1947) foi um sociólogo judeu.

No entanto, não se trata, pois, de uma geração de fracassados, mas de uma geração que exige dos adultos novas posturas diante da vida, à medida que deflagra outro sério problema: ela se sente abandonada dentro de casa, se sente sozinha, descuidada, negligenciada e rejeitada, incapaz de enfrentar os vários e inúmeros momentos da vida cotidiana.

UMA GERAÇÃO SOLITÁRIA DENTRO DE CASA

A solidão da geração do quarto é uma espécie de abandono. Uma negligência em nome do poder econômico e da sobrevivência social. Muitas crianças e muitos adolescentes se ressentem da ausência dos pais dentro de casa, da ausência de conversas espontâneas, de momentos de confraternização, de realização de atividades em conjunto.

> Passo muito tempo com Lourdes. Ela me criou. Ela me conhece mais do que meus pais. Eles vivem fora de casa. Passam muito tempo longe de mim. Foi sempre assim. (Y., 18a, Rio de Janeiro)

> Vejo meu pai menos do que vejo o secretário dele. (K., 12a, Belo Horizonte)

Os pais da geração do quarto são aqueles que foram para o mercado de trabalho e passam de oito a doze horas na labuta diária. Fazem isso porque acreditam que é assim mesmo, fazem isso porque, em alguns casos, não conseguem compreender as necessidades das crianças e dos adolescentes.

São pais e mães que, em nome da projeção profissional, em nome do sustento da família, da aquisição de bens e da possibilidade do consumo, se ausentam e não percebem que seus filhos e filhas estão envoltos numa sensação de isolamento, que não conseguem contar com os pais nos momentos decisivos de suas vidas.

A GERAÇÃO DO QUARTO

José Ricardo de Andrade Filho afirma que as crianças e os adolescentes filhos de pais e mães advindos das gerações baby boomers e millennials, foram, na sua maioria, terceirizados, isto é, educados por terceiros, por outras pessoas que não são nem mãe, nem pai.[7] Geralmente são funcionários que se ocupam, entre outras tarefas, de cuidar das crianças e de orientar os adolescentes.

As "crianças terceirizadas" são abandonadas a um cotidiano sem pais por perto. Infelizmente, esse fenômeno não é novo. Na história da humanidade, as crianças sempre foram tratadas como pessoas sem muita importância, sem valor individual e coletivo. No seu livro *História social da criança e da família*, Philippe Ariès explica que as crianças, na Idade Média e durante uma parte da Idade Moderna, não existiam como sujeitos com especificidades:

> No mundo das fórmulas românticas, e até o fim do século XIII, não existem crianças caracterizadas por uma expressão particular, e sim homens de tamanho reduzido. Essa recusa em aceitar na arte a morfologia infantil é encontrada, aliás, na maioria das civilizações tradicionais.[8]

Deixar a criança com terceiros em nome do trabalho, da vida profissional, é, de certo modo, não compreender a relevância do cuidado parental para com os pequenos. E, como bem nos explicam Renata Libório e Silvia Koller, esse abandono gerará certamente uma série de fatores que irão pôr em risco a vida dessas crianças quando estiverem na fase da adolescência.[9] "Terceirizar uma criança é possibilitar a emergência de desvinculações emocionais".[10]

As crianças e os adolescentes que passam horas dentro de seus quartos, de modo geral conectados às redes sociais digitais, não têm relações dialógicas com seus pais e com suas mães. Há, como observamos em nossa pesquisa, pouco espaço e tempo para diálogo, para troca, para verticalização emocional, e uma sensação de que não se pode contar com os pais e com as mães.

> Eu mando mensagem para meu amigo e ele me responde na hora. Não demora muito e a gente faz uma chamada com vídeo e a gente conversa sobre tudo. Foi para ele que mostrei as primeiras marcas no braço. (C., 15a, Maceió)

Se a criança e o adolescente não têm com quem tratar sobre seus medos e sonhos dentro de casa, então, por meio das redes sociais digitais, com respostas rápidas, eles irão contar e receberão orientações dessas pessoas que estão do outro lado, mas que, apesar da distância física, se tornam próximas e presentes no cotidiano.

> Não lembro a roupa que meu pai vestiu para ir trabalhar, acho que nem sei se meu pai vestiu uma roupa. Ele sabe que eu visto o uniforme da escola, mas ele não se liga se está limpo ou sujo. Quem se liga é a moça que trabalha aqui. Minha mãe também se liga. Mas ela não sai do celular. Vende imóveis. Eu fico só. (B., 13a, Recife)

No Brasil, pelo que analisei, a "terceirização" dos filhos e filhas é um fenômeno mais comum da classe média pobre à alta e na classe rica do que nas classes economicamente mais vulneráveis. De qualquer forma, essa terceirização é um verdadeiro desastre tanto para filhos e filhas quanto para pais e mães, visto que estes, ausentes, sentem-se culpados.

A culpa por não estar presente no cotidiano de seus filhos pode levá-los a tentar compensar a ausência com permissividade, e acabam sendo desatentos nas orientações e indecisos nas ocasiões em que o limite os chama. Tornam-se pais que não sabem como educar as crianças e como lidar com os desafios da adolescência.

> Meu pai mora mais tempo fora e só vem em casa como visita. Nem sei se ele sabe que passo muito tempo no quarto. É que, no final de semana, ele também trabalha. Minha mãe, a mesma coisa. Os dois trabalham. (H., 12a, Belo Horizonte)

A GERAÇÃO DO QUARTO

> Eu trabalho muito, porque quero dar aos meus filhos o melhor, a melhor escola, as melhores roupas, a melhor comida, o melhor lazer, as melhores viagens. Eles merecem o melhor. (P., 38a, Natal)

> Eu só queria mesmo um pouco do meu pai em casa. Mas eu sei que ele fica fora, porque ele trabalha no hospital e nos plantões. A minha mãe no escritório. Quem cuida de mim e da minha irmã é Lourdes. (R., 13a, Recife)

Os pais e mães de filhos e filhas que fazem parte da geração do quarto não costumam perceber o sofrimento pelo qual as crianças e os adolescentes passam. Há certa desatenção, ainda que não proposital; certo despreparo para ser pai e ser mãe. De algum modo, esses pais e essas mães não sabem como lidar com o adoecimento de seus filhos e filhas. Costumam dizer que fracassaram, e se desesperam, atônitos.

> Quando vi que minha filha estava doente, e era uma coisa muito séria, eu me senti um lixo como mãe e compreendi que meu ex-marido também era um lixo. Ela ali sofrendo tanto, pedindo ajuda, e a gente com a cabeça também doente. (M., 40a, Rio de Janeiro)

A consciência de que as coisas vão mal com nossos filhos e filhas, que aparentam estar bem, mas não estão, é, em alguns casos, um alerta de que a família como um todo necessita ser revisada. Há algo que não está funcionando. O sofrimento, o adoecimento, o isolamento, a sensação de solidão de nossas crianças e de nossos adolescentes nos advertem para uma questão central: nós também estamos adoecidos.

> Durmo mal. Tenho tido crise de ansiedade. Agora, depois que vi minha filha doente, entendi que há anos eu também estou doente. Estou vivendo como um zumbi, acreditando que viver é guardar dinheiro e comprar aparência. Difícil. (L., 38a, Maceió)

A casa, diz Gaston Bachelard, é um local onde o ser humano tenta encontrar a paz.[11] A paz que necessita para poder fazer a travessia do seu trajeto antropológico, entre o nascimento e a morte. No entanto, se dentro de casa, no lugar da paz encontra-se a solidão, as consequências desse encontro não são das melhores nem das mais favoráveis a uma vida saudável. A geração do quarto não está bem, e a paz da casa se encontra dentro de um furacão.

A solidão dessa geração tem sido percebida no comportamento perigoso que desenvolvem. Um comportamento violento. A violência pode ser contra eles próprios — o caso da autolesão sem intenção suicida, das ideações suicidas, das tentativas de suicídio, do uso abusivo de álcool, das relações sexuais sem uso de proteção, do desleixo com os estudos escolares — ou contra outros, como nos casos de bullying, ciberbullying, vandalismo, violência contra minorias, envolvimento com "pegas", disputas de "rachas".

UMA GERAÇÃO CONECTADA COM O MUNDO, MAS SEM DIÁLOGO EM CASA

Não se deve mais negar: as redes sociais digitais, antes um elemento possível, tornou-se um elemento *sine qua non* para todos nós no século XXI. Na aldeia global na qual o tempo e o espaço tomam, como quer Zygmunt Bauman, ares líquidos,[12] ou, como quer Michel Maffesoli, ares neotribais,[13] é muito difícil separar o humano da máquina que ele criou, mas é possível não ser a máquina, sendo ao mesmo tempo um usuário dela.

André Lemos acredita que a conexão com o mundo virtual tem a ver com a relação existente entre a sociedade, a cultura, a tecnologia — logo, uma inter-relação entre elementos que faz emergir uma cultura no mundo digital.[14] Essa cultura do mundo digital, conforme nos explica o autor, é diferente de um mundo digital exclusivamente tecnológico. Há uma emergência de uma geração técnica, mas não necessariamente apenas tecnológica.

A GERAÇÃO DO QUARTO

Essa geração — que está conectada com as redes sociais digitais, que sabe digitar com rapidez nos minúsculos teclados dos celulares, que faz várias coisas ao mesmo tempo e que demonstra inconsistência ao lidar com questões emocionais — reclama, quando ouvida, de que não existe dentro de suas casas diálogo no sentido de ouvir, discordar, concordar, debater, receber orientação e exemplo.

> Eu me liguei num grupo de caras que, como eu, pensa que é melhor não ficar perdendo tempo com o sermão. Eu ponho o fone de ouvido e, quando eles vêm com aquela conversa, finjo ouvir, mas não escuto, quer dizer, escuto a música, o som, o barulho que der.
> (R., 14a, Rio de Janeiro)

Podemos tentar, de diversas formas, não aderir ao pensamento virtual, mas quem convive com crianças, adolescentes e jovens sabe que isso é muito difícil. Nossos filhos estão on-line e nós também. Estar conectado, ter redes sociais digitais, a meu ver, não é mesmo a grande questão. O problema é que crianças e adolescentes dizem que passam muitas horas exclusivamente na cibercultura e não experimentam alternativas dentro de suas próprias casas.

O melhor caminho seria fazer a tarefa da escola sob a orientação dos pais e das mães, sentindo que, caso haja dúvida, haverá alguém por perto com possibilidades de ajudar, de dar suporte; e nos momentos mais programados, como no horário das refeições, ter a companhia dos pais e das mães, conversando sobre o dia, sobre as dúvidas, dialogando, dizendo e aprendendo com leveza e com incerteza.

Não vejo problema algum na conexão. Acredito, inclusive, que ela é uma experiência radical, que alterou os modos de comunicação e relação entre as pessoas do final do século XX em diante. Entretanto, se não for bem acompanhada, usada com finalidades de estudo, de lazer, de melhoria comunicacional, poderá ser um desserviço para a educação de meninas e meninos.

A questão que desafia os processos educacionais de crianças e adolescentes nos dias contemporâneos não é necessariamente a existência de redes sociais digitais, mas sim o fato de essas redes escancararem a ausência de espaço e tempo para ficarmos juntos, para trocarmos ideias, para brincarmos, para nos conhecermos. As redes sociais digitais são como lupas que mostram o silenciamento dentro das casas.

Um exílio virtual. Uma cultura digital. Um mundo que está dentro de aparelhinhos e que traz à tona um fosso enorme que as casas possuíam e, ao mesmo tempo, amplia e aprofunda esse fosso. As redes sociais digitais advertem que a nossa maneira de diálogo com nossos filhos e filhas está falha, pois eles preferem passar horas do seu dia jogando, teclando, vendo séries, conversando com amigos virtuais, a estar com a gente, a sentar com a gente.

> De boa, fico aqui, falo com a galera e não preciso nem mexer meu corpo. Mas eu queria conversar um pouco com alguém, uma pessoa que me ouvisse. Tenho sentido vontade de me cortar outra vez. Tá ligado? (M., 15a, Recife)

Sob nossos olhos, diante de nossas faces, com a nossa anuência, nossos meninos e meninas não se sentem confortáveis em nos falar sobre seus sonhos, seus medos, suas crenças, seus valores e suas ideias. Preferem as conexões com as redes digitais, espaço e tempo onde cabe tudo e no qual é possível fazer várias atividades sem que outras deixem de ser feitas. É, no dizer de André Lemos, em seu livro *Cibercultura*, uma geração *teckné*, isto é, uma geração que experimenta a técnica, a tecnologia, na sua vida mais cotidiana e íntima.[15] São meninos e meninas educados, de modo geral, pela regência dos aparelhos eletroeletrônicos, das imagens produzidas instantaneamente, das falas reproduzidas, das memórias gravadas nas nuvens. É a época dos "nudes", dos relacionamentos afetivos e eróticos por meio de equipamentos eletrônicos.

> De boa, posso conhecer três ao mesmo tempo. Ninguém sabe de ninguém. E, depois, fico aqui, fico ali e escolho. Posso escolher quem mais me tocar. Tá ligado? (C., 17a, Rio de Janeiro)

A GERAÇÃO DO QUARTO

A "geração Y" ou "millennials" e a "geração Z" não são a mesma geração que fica no quarto, é importante que se diga. Ou seja, não é porque usa muito a internet que a "galera" adoecerá. O adoecimento da geração do quarto emerge de uma série de variáveis ocorridas no cotidiano de uma família, de um grupo social, de uma casa, de uma escola, de uma igreja. O adoecimento surge dos medos.

Essa geração conectada talvez esteja com medo de perder os *likes* e, por isso, evita se desconectar. A desconexão do mundo virtual pode ser a rejeição dos grupos, a não relação, a negação do que se é, o ficar por fora, o não se enturmar, o não fazer amizades, o não ter com quem partilhar suas perspectivas e seus sonhos, medos e ansiedades. Quando os pais e as mães conseguem perceber isso, as conexões não ultrapassam limites.

A geração conectada é a mesma geração que aprendeu, em casa e na escola, na sociedade de modo mais geral, que existe vida para além da vida física e que é possível viver vidas paralelas, sem que esse mundo paralelo esteja distante do mundo físico. O adoecimento advém da necessidade de substituição, de sobreposição, de exclusão, de não viver o físico para tentar melhorar a vida no plano virtual.

> Não me arrisco muito na vida física, tá ligado? Prefiro ficar aqui, aqui ninguém sabe meu nome nem minha idade, meu gosto. Tipo, aqui eu me escondo do mundo. (C., 16a, Maceió)

O diálogo é uma ponte que conduz o ser humano ao campo das adesões. E o que é adesão? É ser capaz de ouvir quem me fala, ainda que eu discorde do que me é dito, ainda que o que me é dito seja diferente do que eu penso, do que sinto, mas eu respeito quem diz, eu me ponho a ouvir, eu tenho adesão e não excluo a interlocução. Seria, usando outra expressão, uma espécie de campo das empatias, de tentar compreender como pensa e como sente o outro que não somos. Se dentro de uma casa não existe diálogo, obviamente os habitantes daquele lar vão tentar encontrar "conversas" em outros espaços. Mas isso não garante que não se ressintam, não garante que os problemas estejam resolvidos.

3. A família

[...]
Família, família
Janta junto todo dia
Nunca perde essa mania
Mas quando o nenê fica doente
Procura uma farmácia de plantão
O choro do nenê é estridente
Assim não dá pra ver televisão
[...]
Cachorro, gato, galinha
Família, família
Vive junto todo dia
Nunca perde essa mania
A mãe morre de medo de barata
O pai vive com medo de ladrão
Jogaram inseticida pela casa
Botaram um cadeado no portão

Titãs, "Família", 1996

AS NOVAS CONFIGURAÇÕES DE FAMÍLIA

A geração do quarto pertence a uma família com configurações diferentes da chamada família tradicional. Segundo Élisabeth Roudinesco, na família tradicional, a mulher, a criança e o adolescente não têm poder de decisão e suas vozes raramente são ouvidas.[1] Os homens mantêm a palavra decisória, inclusive para tornar legítima a filiação. É uma configuração familiar ampla. Não há somente pai, mãe e filhos, mas avós, tios, primos, padrinhos, vizinhos, amigos; todos se envolvem no seio familiar, e há uma expressa e contundente separação entre o lugar do homem, aquele que é o fiel da balança, e a mulher, aquela que se uniu ao homem, para que os fins comerciais se cumprissem entre as famílias.

Uma família "arranjada", forjada sem qualquer vestígio de amor romântico. Segundo Roudinesco:

> Numa primeira fase, a família dita "tradicional" serve acima de tudo para assegurar a transmissão de um patrimônio. Os casamentos são então arranjados entre os pais sem que a vida sexual e afetiva dos futuros esposos, em geral unidos em idade precoce, seja levada em conta. Nessa ótica, a célula familiar repousa em uma ordem do mundo imutável e inteiramente submetida a uma autoridade patriarcal.[2]

A geração do quarto também não pertence a um modelo familiar exclusivamente moderno. Nessa configuração familiar, os papéis do homem, da mulher e dos filhos mudam em relação à família tradicional. A família, antes muito ampla, se nucleariza.

A família nuclear, composta pelo pai, pela mãe e pelos filhos, não é forjada sem que haja um desejo, uma vontade, um laço afetivo entre as pessoas. As escolhas não são mais explicitamente ancoradas no interesse de unir terras, de juntar fortunas, de ampliar patrimônios. Há também o amor romântico, a escolha de com quem "quero me casar", "ter meus

A GERAÇÃO DO QUARTO

filhos", "viver o resto de minha vida". A família na qual a mulher ocupa o centro da casa, o homem exerce o papel do provedor e as crianças precisam ir à escola.

Segundo Lévi-Strauss, referindo-se ao modelo nuclear de família, existe um modelo ideal de família, que deve possuir a seguinte estrutura:

> [...] tem sua origem no casamento; (2) é constituído pelo marido, pela esposa e pelos filhos provenientes de sua união; e (3) os membros da família estão unidos entre si por (a) laços legais, (b) direitos e obrigações econômicas e religiosas ou de outra espécie, (c) um entrelaçamento definido de direitos e proibições sexuais, e uma quantidade variada e diversificada de sentimentos psicológicos, tais como amor, afeto, respeito, medo e outros.[3]

Na perspectiva dessa configuração familiar, embora as infâncias comecem a ter seus traços identitários mais reconhecidos, a voz dessas infâncias é silenciada pelo "adultismo" do tempo e do espaço. O pai continua sendo um ator decisivo na casa, porque é dele que advém o sustento maior, as informações mais relevantes, cabendo à mãe educar e orientar as crianças em seu desenvolvimento, durante a educação doméstica, a educação do lar.

A mulher, mesmo menos desvalorizada, ainda é submissa ao poder patriarcal, e as crianças e os adolescentes não são senão figuras "incompletas".

> Meu pai diz tipo: no meu tempo, quando o adulto ia começar a falar coisa de adulto, a gente era logo avisado: "Saindo de perto as crianças. Agora, a conversa é de gente grande." (A., 13a, Natal)

> Minha avó fala que, quando minha mãe e minha tia eram pequenas, não tinha essa de criança ter vontade de comer o que quisesse. Era o que tava na mesa e pronto. Tá ligado? (L., 15a, Rio de Janeiro)

Há, sem dúvida, uma opressão nesse núcleo familiar, no qual, de certo modo, as vozes das mulheres e das crianças, sobretudo das crianças, ainda são emudecidas e tratadas como elementos pouco relevantes. As crianças vivem uma espécie de dominação do adulto e, mesmo sendo reconhecidas como pessoas com identidade diferente dos adultos, não são respeitadas, cuidadas, ouvidas nos seus pensamentos e sentimentos.

> A família nuclear burguesa, ainda que passe a impressão de que a criança e o adolescente ocupem destaque, uma vez que têm suas necessidades escolares reconhecidas, ainda trata a criança e o adolescente como figuras de irrelevância no campo das decisões sobre eles mesmos. Desse ponto de vista, há uma crença um tanto equivocada de que a família nuclear concedeu espaço e tempo genuínos às crianças e aos adolescentes.[4]

Em seguida à família nuclear, já no século XX, vamos ver nascer o que chamamos por família contemporânea, ou seja, aquela em que os elementos mantenedores da tradicional e os elementos mantenedores da moderna são postos em xeque. O papel da mulher e de crianças/adolescentes passa por alterações no âmbito subjetivo e no âmbito coletivo. A família na qual a mulher era a "rainha do lar" atravessa uma série de questionamentos, logo é revisitada de modo ostensivo. Há um novo modelo emergente.

> [...] A partir dos anos 1960, impõe-se a família dita "contemporânea" ou "pós-moderna", que une, ao longo de uma duração relativa, dois indivíduos em busca de relações íntimas ou realização sexual. A transmissão da autoridade vai se tornando cada vez mais problemática à medida que divórcios, separações e recomposições conjugais aumentam.[5]

A família contemporânea tem características que põem em xeque o patriarcado e a perenidade do casamento, mas ainda apresenta similitudes com os modelos tradicional e moderno de família, predominantemente heteronormativo, nos quais a sexualidade e a reprodução da espécie são elementos fulcrais na composição da família. Oliveira acredita que a família "contemporânea" pode ser analisada sob várias perspectivas, mas todas são caracterizadas pelos condicionantes sociais e históricos.[6]

Embora Roudinesco utilize a expressão "contemporânea" como se abarcasse até mesmo as novas configurações familiares,[7] podemos dizer que a família da geração do quarto evidencia que os modelos que a ante-

A GERAÇÃO DO QUARTO

cederam não são biunívocos a ela, isto é, a família dessa geração não se mostra configurada da mesma forma que as tradicionais, nucleares ou mesmo contemporâneas. Na geração do quarto, vislumbram-se modelos de família diversos.

> Na minha casa, todo mundo tem psiquiatra, e meu pai, ele precisa muito, minha madrasta também, eu preciso também. De boa, é tudo noiado. (M., 16a, Rio de Janeiro)

Nas diversas configurações familiares que advêm depois da nominada família contemporânea, entendemos que um traço se destaca nesses modelos: há uma fragilidade emocional nos membros familiares que repercute tanto nos adultos quanto nas crianças e nos adolescentes, gerando adoecimentos emocionais, comportamentos perigosos e, em casos mais aprofundados, distúrbios mentais.

> Comecei com os cortes aos 12 anos de idade. Tá ligado? E já fiquei nessa onda várias vezes. Eu comecei, mas é que meu pai e a minha mãe são muito agressivos. E eu acho que a minha mãe é bipolar. Meu pai toma remédio para dormir. Bebe e toma remédio. (J., 15a, Recife)

Roudinesco (2013) acredita que, entre as diversas configurações familiares, existe uma configuração que ela nomina como "família em desordem", ou seja, uma família na qual os elementos tradicionais, modernos e até mesmo contemporâneos entraram em pânico, em desgaste.[8] A "família em desordem", para além das outras características, traz o adoecimento de crianças, adolescentes e jovens como uma de suas marcas.

Há um engano quando se acredita que as crianças e os adolescentes nascidos de 1990 para os dias atuais são as únicas pessoas doentes em suas casas. De verdade, quando ouvimos as crianças e os adolescentes, imediatamente nos damos conta de que os adoecimentos psicossomáticos das meninas e dos meninos têm relação (in)direta com as famílias nas quais eles estão inseridos.

As famílias adoecidas forjam infâncias adoecidas, e as famílias adoecidas também adoecem as sociedades para além das famílias.[9]

A geração do quarto nasceu numa família que não mais se identificava exclusivamente com os modelos tradicional, moderno ou contemporâneo, e apresentava configurações muito desafiadoras. Não parece mais ser "certa" nem "perene", mas instável e capaz de mudar em conformidade com as circunstâncias. É uma família sazonal, volátil, oscilante, imprevisível, multifacetada e dinâmica, ao tempo que é adoecida emocionalmente. É possível que se percebam nessa família laços afetivos em constante mutação.

> Minha mãe se casou com meu pai e eu nasci. Aí, eles se separaram e minha mãe se casou com o meu pai afetivo e, depois, nasceu meu irmão. Então minha mãe separou do meu pai afetivo e começou a namorar o meu padrasto da vez. E eu dancei nessa história, porque meu lugar em casa virou um lugar onde o marido da minha mãe trabalha. (A., 15a, Natal)

> Meu pai não se casou com minha mãe. Eles namoraram. Ela ficou grávida. Era adolescente. Eu nasci. Minha mãe se casou com Elisa, e Elisa já era antes casada com outra mulher. Meu pai não quis ficar comigo. A mulher dele não gosta de mim. Elisa é de boa. Tipo, prefiro ela ao namorado que minha mãe arrumou e que não trabalhava. Elisa trabalha e a gente se dá bem. (J., 14a, Recife)

A geração do quarto vive numa família, como dissemos antes, em que a segurança emocional é muito frágil e não garante à criança e ao adolescente que as estruturas propostas hoje para eles sejam as estruturas que irão se manter amanhã. Os pais e as mães da geração do quarto não conseguem dar conta da dinâmica de suas próprias vidas intersubjetivas, e essa dificuldade tende a repercutir na vida dos filhos.

> Meu filho tem 15 anos e eu tive acesso ao celular dele. É que o celular quebrou. Ele não quis me repassar a senha, mas repassou e eu vi

umas conversas com um rapaz da idade dele, mais ou menos, que diziam que iam marcar o dia em que iriam se matar. Fiquei assustado. Falei com a mãe dele. Mas ela é uma pessoa difícil e ofende meu filho. A gente se separou faz dois anos. (D., 42a, Maceió)

A família das crianças e dos adolescentes com comportamentos perigosos também apresenta comportamentos de risco. Há um nível de deficiência comunicacional nessa configuração familiar que afeta o desenvolvimento sadio das meninas e dos meninos. A geração do quarto tem uma família "na corda bamba" em que os afetos estão saturados, a violência é uma linha de conduta, e a sobrevivência é a certeza de que há pouco ou quase nada a ser feito. É uma família que também pede ajuda.

OS DESAFIOS DA FAMÍLIA

Há vários desafios dentro de uma casa, na condução da educação de crianças e adolescentes. Seria pretensioso de minha parte tentar categorizar de modo determinista quais são exatamente os desafios que uma família hodierna tem pela frente no âmbito da saúde familiar. No entanto, em razão do que disse no tópico anterior, acredito que o maior desafio dessa configuração familiar é a criação de vínculos emocionais saudáveis.

> Eu vivo muito sozinho em casa. Meus pais saem e trabalham o dia todo e quase a gente não conversa. Eu almoço na escola e minha prima, às vezes, fica comigo aqui em casa. Mas é às vezes. Eu fico no meu quarto e saio pouco. Falo pouco. Sei lá. (R, 11a, Belo Horizonte)

As crianças e os adolescentes que ouvi invariavelmente reclamaram de solidão, de ausência de diálogo, de incômodo em relação a posturas machistas, de inadequação aos modelos impostos pelo discurso dos adultos dentro de casa, de egoísmo dos pais, de decepção com os adultos, de pressão dentro de casa pela aprovação no Enem, de indiferença por parte dos pais e das mães, de falsidade entre os amigos, de desconforto com seus corpos e de vontade de mudar de vida.

Me sinto sozinha dentro da minha própria casa. Não converso com meu pai. Ele é ridículo. Finge que tá tudo de boa. Mas sabe que é um sacana com a minha mãe. E ela aceita. Nojo!!! (R., 15a, Rio de Janeiro)

Não existe diálogo. O negócio comum é tipo bater porta. Sair do lugar. Não conversamos muito e sempre que posso escapo de ficar perto deles. Minha mãe é pesada. Saca? (L., 13a, Natal)

Não gosto do meu nariz, nem do meu cabelo, nem do meu olho direito. Sei lá. Não me curto. Sou feia. Quero mudar a cara. Tipo fazer uma plástica. Tá ligado? (R., 14a, Recife)

Cara, não aguento mais essa porra de Enem, é todo dia essa resenha. Cansada. Vou fazer a porra da prova e quero que se foda quem me pressiona. Puta que pariu!!! (B., 15a, Belo Horizonte)

Há um problema muito sério que a geração do quarto atravessa: o uso abusivo de álcool.

Velho, tem essa não, bebo mesmo, bebo todas. Tomar uma e seguir me divertindo. Não tenho duas vidas. Tenho uma. E, quando bebo, minha situação é melhor. Tá ligado? (H., 16a, Recife)

Comecei com 13. Nas festas. Meus pais não veem. Durmo na casa de uma amiga, e no outro dia já passou a ressaca. Faz três anos que vivo nessa pisada. De boa. É assim mesmo. (M., 16a, Rio de Janeiro)

A GERAÇÃO DO QUARTO

A geração do quarto se embriaga sob o silêncio ou a histeria de quem a educa. De modo geral, há histeria e silêncio. É uma geração acompanhada por descontrole e fuga. O descontrole de quem a rodeia, a fuga de quem a rodeia. Difícil encontrar lucidez nos pais dessas crianças e desses adolescentes sobre as reais causas, ainda que multifacetadas, promotoras da fragilidade emocional na qual se encontram esses meninos e meninas.

> Percebemos que os pais e as mães não querem verdadeiramente assumir as responsabilidades que lhes competem. Costumam atribuir ao acaso, e não há elementos culturais, históricos e sociais, as dores de seus filhos. Me parecem também doentes. No entanto, num nível de fuga ao real maior que o nível em que se encontram as meninas e os meninos que recorrem ao meu consultório. Acho que estamos diante de famílias adoentadas, e que os pais e as mães são os principais agentes de adoecimento dos filhos.[10]

Como cuidar das crianças e dos adolescentes se não se cuidam os cuidadores? Usando a metáfora da máscara de oxigênio do avião: como pôr a máscara em crianças e adolescentes se o responsável e/ou a responsável por esses seres não querem usar a máscara ou mesmo não sabem como usá-la? Em outras palavras, como ajudar alguém sem que antes a ajuda a você mesmo tenha sido dada? Como entrar no quarto se nunca se saiu dele?

A família da geração do quarto não é saudável. Eis uma afirmação difícil de fazer, mas não se deve fugir à constatação. Talvez, portanto, seja este o grande desafio: cuidar das meninas e dos meninos e cuidar também de si mesmo. É urgente que os pais e as mães procurem ajuda para eles na medida em que também procuram ajuda para os filhos.

> Eu vi que estava doente, profundamente doente, quando minha filha tentou morrer. Ali, dentro daquele hospital, relembrando a cena, as tiras de pano, o corpo roxo, e o bilhete deixado na mesa da sala, desabei. Minha filha ficou com a gente, mas eu sabia que nunca mais seria a mesma coisa. E não foi. (M., 40a, Belo Horizonte)

Os pais estão doentes e os filhos também. O adoecimento, como previa a OMS, desde o final do século XX, tem a ver com as emoções fragilizadas, encaradas como elementos de segunda ordem, não tratadas com a devida atenção. As emoções, estudadas em muitas situações como fenômenos químicos, biológicos, tornaram-se matrizes de desestruturas familiares, de ações violentas, de repercussões negativas.

Quase todos os desafios sobre os quais estou tratando aqui têm origem no campo das emoções deseducadas e adoecidas. Necessitamos com urgência tratar da "mente" e de suas inúmeras e variáveis nuanças. Construímos gerações amparadas em ontologias, epistemologias e metodologias racionalistas, funcionalistas, exacerbadamente pragmáticas; porém, as crianças e os adolescentes, tomados pelo adoecimento emocional, nos chamam à atenção, nos advertem.

As famílias que têm crianças e adolescentes com comportamentos perigosos[11] estão, apesar de fragilizadas, tendo uma excelente oportunidade de rever sua postura, reconstruir seu percurso antropológico, cuidar da sua "casa interior" e seguir outra estrada. Mas sem deixar de se orgulhar da estrada que seguiu até aqui. Nesse sentido, e também em outros, a doença é ao mesmo tempo saúde e, no lugar de ser tratada como o pior, pode ser alternativa em meio a caminhos sinuosos.

4. O quarto

Fico no quarto porque é lá, nesse lugar, nesse espaço, em que me sinto vivo e morto. Tipo, lá, posso ser eu e não preciso me esconder, aí, estou vivo e morto, porque sei que é lá, que se eu for morrer, é lá mesmo. Tá ligado? (R., 15a, Rio de Janeiro)

Meu quarto me esconde do mundo e eu fico me sentindo bem forte. De lá, converso com a galera de todo lugar e não me envergonho por ser como eu sou. No meu quarto, tem uma placa grande, as letras eu mesmo desenhei, na placa tem dizendo "aqui jaz uma menina que sonhou em ser bailarina", mas se tornou isso, assim, então, tipo, essa sou eu. Uma diferente. (B., 14a, Belo Horizonte)

QUEM ESTÁ DENTRO DO QUARTO

A geração do quarto, como expliquei no capítulo 1, não deve ser confundida com a geração Y, nem com a geração millennials, nem com a geração Z, selfie, nem com a geração nem-nem. A geração do quarto, talvez, seja todas elas e não seja ao mesmo tempo nenhuma. Isso porque nem todas as pessoas que nasceram no final do século XX e vivem ligadas à internet tiram selfie, não trabalham, não estudam ou apresentam comportamentos perigosos, adoecimentos emocionais e/ou mentais.

> Eu gosto de ficar no quarto, mas não sinto nada disso. Eu sinto bem-estar. Gosto de jogar bola, dançar e fazer esportes. Gosto de conversar com meus amigos pela internet, mas também a gente conversa pessoalmente. Eu fico no quarto, mas também fico na sala, na cozinha e curto descer para ver a rua. (I., 16a, Recife)

A geração a que me refiro neste livro, diferentemente do adolescente que nos deu o depoimento anterior, infelizmente, apresenta um nível de adoecimento emocional preocupante e demonstra desvinculação afetiva com a sua família e com as demais organizações sociais, como podemos constatar no depoimento seguinte:

> Fico muito triste de repente. Aí, tipo, para passar essa tristeza, eu me cortava, queimava a minha pele e me batia. Também eu bebia muito. Assim sem ninguém perceber. Eu ainda faço isso. Não sei se consigo parar. Tá ligado? Não gosto de ficar junto do meu padrasto e da minha mãe, eles não me entendem e eu já fui vítima de bullying na escola. (M., 16a, Maceió)

A atitude de isolamento e fuga de jovens brasileiros em seus quartos é muito similar ao comportamento de jovens no Japão e na Itália. E, segundo Marco Crepaldi, "em todas as economias desenvolvidas". No Japão, ocorre um fenômeno conhecido internacionalmente como *hikikomori*:

> Os *hikikomori* estão entre os 14 e 25 anos e não estudam nem trabalham. Não têm amigos e passam a maior parte do dia em seus quartos. Dificilmente falam com os pais e parentes. Eles dormem durante o dia e vivem à noite para evitar qualquer confronto com o mundo exterior. Eles se refugiam nos meandros da Web e das redes sociais com perfis falsos, único contato com a sociedade que abandonaram. São chamados de *hikikomori*, palavra japonesa para "ficar de lado". Na Terra do Sol Nascente já atingiram a cifra alarmante

A GERAÇÃO DO QUARTO

de um milhão de casos, mas é equivocado considerá-lo um fenômeno limitado apenas às fronteiras japonesas.[1]

Há, nesse fenômeno de origem japonesa, uma característica importante: as pessoas que se isolam em seus quartos, ou durante o período de estudo ou quando o estudo já se encerrou, o fazem sempre motivadas a partir de algum gatilho emocional. Alguma ocorrência, algum episódio, as leva a entrar nos quartos e não mais saírem de lá.

No Brasil, os *hikikomori* ainda não são ostensivamente identificados e não temos notificação oficial de casos. Todavia, na Itália, existe uma associação que foi criada para auxiliar pessoas com essa "síndrome" a terem possibilidade de ajuda, de tratamento.* O isolamento dos jovens japoneses, majoritariamente do sexo masculino, é visto como resultado das inúmeras pressões que a sociedade contemporânea japonesa exerce sobre eles.

Muitos não aguentam essas inúmeras imposições, que vão desde conseguir concluir os estudos, fazer faculdade, arrumar e se manter num emprego, se casar, ter filhos, não decepcionar as famílias, ter destaque na profissão, ser bem entrosado socialmente, conseguir tratar sobre assuntos diversos e acompanhar exaustivamente um mundo do trabalho imerso em dimensões tecnológicas quase inumanas.

Os *hikikomori* estão doentes, mas a doença deles não é de fácil diagnóstico psiquiátrico, nem de fácil tratamento psicoterapêutico. É um distúrbio mental, um aprofundamento do adoecimento emocional, algo que se materializa com sintomas parecidos com a depressão, a fobia social, os transtornos obsessivo-compulsivos, a síndrome do pânico, as autolesões sem intenção suicida, os distúrbios alimentares, as crises de ansiedade, as ideações suicidas e as tentativas de suicídio.

Segundo Crepaldi, o adoecimento *hikikomori*

> muitas vezes é confundido com síndromes depressivas e, nos piores casos, o jovem é carimbado com o rótulo de dependência em internet. Um diagnóstico

---

* Associação Hikikomori Itália. O responsável é o psicólogo italiano Marco Crepaldi.

desse tipo geralmente leva ao afastamento forçado de qualquer dispositivo eletrônico, eliminando, dessa forma, a única fonte de comunicação com o mundo exterior para o doente: uma verdadeira condenação para um garoto *hikikomori*.[2]

Quem está dentro do quarto não está ali porque fez uma escolha lúcida, caso essa estada seja a dificuldade profunda de conviver em sociedade. Quem está no quarto, em razão de não conseguir não estar, precisa de ajuda, e essa ajuda não tem sido dada de modo urgente dentro das casas. O quarto, nesse caso, não é a Terra de Oz, mas um espaço de proteção, um jeito de sobrevivência, de não enfrentamento das duras questões que a vida impõe ao ser humano.

> Meu filho chega em casa, nem tira a roupa, se deita na cama, pega o celular, liga o computador, mas é mais o celular mesmo, e esquece o mundo. Eu e o pai não temos tempo, trabalhamos no hospital, plantão, pacientes, cirurgias. Ele, meu filho, dentro do quarto. Quando vi, foi dentro do quarto, ali, naquele mundo, que ele surtou. Eu acho que o quarto foi o início da doença. (D., 35a, Maceió)

O quarto é o cômodo da casa escolhido para ficar, para não enfrentar as questões problemáticas. Mas o problema não é o quarto, as dependências físicas... a questão é outra. Não é no quarto que se começa o adoecimento, mas nas interações, nas relações, nas ausências, na maneira como as famílias atuais se materializam e tratam seus problemas íntimos e externos. Quem está dentro do quarto sabe que lá fora, às vezes, na sala de estar, na sala de jantar, na cozinha, nos corredores, nos outros quartos, não há nada além de paredes.

> Eu comecei a ficar dentro do quarto e só sair para comer, porque não queria ficar sozinho naquela mesa grande. Eu acho que foi isso. E depois, teve a vez que chamei meus colegas da escola e ninguém quis chegar, tipo, eles me diziam que eu fedia. Aí, me bateu aquela vontade de apagar tudo que é luz, fechar a porta e não parar de tramar uma vingança pela internet. (A., 15a, Recife)

A GERAÇÃO DO QUARTO

Estar no quarto, nas condições a que nos referimos aqui, é estar em sofrimento psicológico e psíquico. Por isso, quem está no quarto é alguém que necessita de ajuda. Não se deve, a meu ver, responsabilizar os elementos externos, como as redes digitais, que, por elas mesmas, não garantem o adoecimento, mas as formas de subjetividade pelas quais se experimentam as redes, os jogos eletrônicos ou mesmo as amizades tóxicas.

Há uma fragilidade emocional explícita em quem decide viver seis horas do seu dia dentro de seu quarto, sem contato com as outras pessoas da casa, sem contato com os outros cômodos e sem experiências frustrantes. No caso dos nossos entrevistados, muitos se arriscam nos contatos sociais via redes digitais, mas utilizam pseudônimos, nomes falsos, perfis fakes, porque, desse modo, poderão experimentar frustrações sem se arriscar a ter negativas as quais não sustentam.

> Dói aqui, aqui dentro. Eu não aguento quando gritam comigo ou quando tenho de me defender. Fico na minha. Dói aqui dentro. [Aponta para o coração.] É quando começo a tremer, a suar frio, eu não consigo dormir. Tenho medo de não saber o que fazer. (B., 12a, Recife)

Não é só pelo fato de estar dentro do quarto, passando a maior parte do tempo em que está em casa, que uma criança ou um adolescente está adoecido. O adoecimento emocional ou mental é de difícil diagnóstico clínico, mas de fácil percepção social, uma vez que as pessoas adoecidas apresentam comportamentos tidos como inadequados, não validados pela família, pela escola, pelos grupos de convivência.

> Os familiares, na maioria das vezes, percebem que o comportamento da criança ou adolescente mudou, sendo considerado anormal e estranho. Há a percepção de que estão com problemas e a partir desse estranhamento é que se inicia a busca por tratamento [...]. O adoecimento psíquico é facilmente percebido porque, em geral, os indivíduos nesse estado apresentam comportamento fora do padrão de normalidade, diferente do que apresentavam ante-

riormente. Além disso, frequentemente, esse comportamento é inaceitável para a sociedade.[3]

Crianças e adolescentes que começam a apresentar comportamentos perigosos, de modo geral, são reclusos e costumam, em razão de uma série de variáveis, querer distância das redes sociais físicas, e buscam, até mesmo como forma de sobrevivência, as redes sociais digitais. A questão é que essa busca pela convivência virtual pode exacerbar o problema do isolamento e apresentar a crianças e adolescentes, já frágeis, possibilidades nem sempre saudáveis.

> Eu conheci meu amigo na internet e a gente marcou de se matar no mesmo dia. Não foi difícil encontrar na internet quem mais, na nossa idade, queria se matar. Eu vi que não era só eu que queria acabar com essa dor e fui ficando bem próxima deles. A gente se encontrava todo dia e falava de como queria morrer. (J., 14a, Natal)

COMO SE FOI ENTRANDO NO QUARTO

Em seu livro *O demônio do meio-dia*, o jornalista e escritor Andrew Solomon descreve a depressão que teve, que o fez experimentar dores profundas e também o fez pensar nas outras pessoas gravemente deprimidas. O livro de Solomon trata sobre um dos maiores problemas do século XXI, uma doença que, na atualidade, atinge, além de jovens e adultos, crianças e adolescentes.

> A depressão é a imperfeição no amor. Para poder amar, temos que ser capazes de nos desesperarmos ante as perdas, e a depressão é o mecanismo desse desespero. Quando ela chega, destrói o indivíduo e finalmente ofusca sua capacidade de dar ou receber afeição. Ela é a solidão dentro de nós que se torna manifesta e destrói não apenas a conexão com outros, mas também

A GERAÇÃO DO QUARTO

a capacidade de estar em paz consigo mesmo. Embora não previna contra a depressão, o amor é o que tranquiliza a mente e a protege de si mesma. Medicamentos e psicoterapia podem renovar essa proteção, tornando mais fácil amar e ser amado, e é por isso que funcionam. Quando estão bem, certas pessoas amam a si mesmas, algumas amam a outros, há quem ame o trabalho e quem ame Deus: qualquer uma dessas paixões pode oferecer o sentido vital de propósito, que é o oposto da depressão. O amor nos abandona de tempos em tempos, e nós abandonamos o amor. Na depressão, a falta de significado de cada empreendimento e de cada emoção, e a falta de significado da própria vida, se tornam evidentes. O único sentimento que resta nesse estado despido de amor é a insignificância.[4]

A geração do quarto, de modo geral, tem depressão. Lendo o livro de Solomon, chego à conclusão de que, mesmo marcada por outras doenças emocionais e/ou mentais, a geração do quarto se mostra deprimida, com uma profunda capacidade de não se vincular de modo normal ao cotidiano da vida. Talvez, mas não seguramente, seja a depressão a porta de entrada para quem fica no quarto, para quem se isola de um modo muito singular da vida coletiva.

Dos meninos e das meninas com os quais conversei ao longo da construção de nossos dados, a doença da depressão foi a mais citada (75%) como causa de não ligação com o mundo da família, a recusa à escola e o isolamento necessário para evitar a frustração, as discussões, as brigas, as competições, as concorrências. Vão entrando nos quartos aos poucos, às vezes aos borbotões, e não saem facilmente. Segundo dados da Organização Pan-Americana da Saúde (Opas) e da Organização Mundial de Saúde (OMS), entre jovens de 15 a 29 anos, a depressão é a segunda causa de morte no mundo e a quarta no Brasil.

Mais de 300 milhões de pessoas no mundo têm depressão, entre a leve e a severa, isto é, entre algo menos ostensivo e algo demasiadamente grave, com sintomatologias e uma relação profícua com o suicídio. A geração do quarto sabe bem o que é a depressão — leve moderada ou severa —, seus sintomas e sua forma de atuar na mente. Para Andrew Solomon, a depressão não é o que sentimos, mas a sensação que sentimos do que não sentimos. Isto é, um vazio que nos leva a um tempo e um espaço onde a dor nos toma o todo, dificultando a vida.

Ele acredita que a depressão e a ansiedade são diferentes e, de fato, são; mas também o psicólogo acredita que a depressão e a ansiedade andam de mãos dadas — e de fato andam. Deprimidos sempre são ansiosos, mas pode haver ansiedade sem a doença da depressão, e pode haver depressão sem a doença da ansiedade. Importante dizer que estar ansioso não implica necessariamente que se tem a doença da ansiedade; são situações diferentes.

Em outras palavras, nem sempre uma criança, um adolescente, um jovem que passa muito tempo dentro do quarto tem doença da ansiedade ou mesmo doença da depressão. Porém, se essa criança, esse adolescente e, esse jovem estão no quarto em razão do que já apontamos aqui — envolvimento com bullying, ciberbullying, prática de autolesão sem intenção suicida, ideação suicida e/ou tentativa de suicídio —, provavelmente a doença da ansiedade e/ou a doença da depressão pode fazer parte do contexto socioemocional dessas pessoas.

> Ele morde a mão. O calo fica aparente. Morde muito. E morde porque está ansioso. Às vezes, até sai sangue. Quando não morde a mão, ele rói as unhas. Rói até sair sangue também. Me diz que isso o alivia. Que isso o faz ficar menos ansioso. Eu já o levei ao médico. Ele tem ido para o psicólogo. Mas tudo começou quando ele não saía daquele quarto e daquele computador. (T., 39a, Recife)

Crianças, adolescentes e jovens que estão deprimidos, ansiosos, que passam horas de suas vidas dentro de seus quartos, que passam muito tempo ligados nas redes sociais digitais, apresentam diversos sintomas, que vão desde os emocionais, tais como apatia, irritabilidade, mudança de humor, desvalorização do eu, baixa autoestima, até a sintomatologia física, como cólicas estomacais, espasmos, dificuldade recorrente para dormir, agressividade com os colegas.

A GERAÇÃO DO QUARTO

No Brasil, os problemas de saúde emocional e mental de crianças e adolescentes, segundo nos explica Patrícia Santos, ainda são tratados de modo pouco contundente e as políticas públicas sobre essa questão praticamente inexistem.[5] Embora seja, segundo o Ministério da Saúde, a depressão, seguida de suicídio, a quarta causa de morte de jovens entre 15 e 29 anos, o país não tem oferecido ações consistentes* que possam minimizar esse quadro grave de saúde mental. Santos assinala que:

> Segundo relatório da Organização Mundial de Saúde, apresentado durante a Terceira Conferência Nacional de Saúde, 30% dos países não têm políticas de saúde mental e 90% não têm políticas de saúde mental que incluam crianças e adolescentes (Ministério da Saúde, 2005a). No Brasil, o Ministério da Saúde não preconiza ações de psicologia na atenção básica e, também, não tem uma proposta para saúde mental das crianças e adolescentes, exceto para transtornos mentais graves, através da implantação dos Centros de Atenção Psicossocial para a Infância e Adolescência (CAPSi).[6]

A geração que entra no quarto está sozinha. A solidão, portanto, não é mesmo uma metáfora ou uma poética da linguagem. Não há, de modo orgânico e urgente, amparo do Estado para quem adoece emocionalmente, ou apresenta transtornos mentais moderados, ou mesmo para quem tem depressão e ideação suicidas, exceto se esses casos forem admitidos como graves, logo de difícil tratamento, sendo indicada ação psiquiátrica, quase sempre medicamentosa, o que, em muitos casos, é necessário, mas não em todos, nem de forma geral.

> Quando ela me mostrou os braços cortados, meu chão acabou. Lembro que tive suor frio nas costas. Acho que meu cabelo começou a cair depois disso. Os cortes dela me diziam que algo estava

---

* Importante destacar que em 26 de abril de 2019 foi homologada a Lei nº 13.819 (Lei Vovó Rose), que trata da criação da Política Nacional de Prevenção à Automutilação e ao Suicídio. No meu ver, a referida lei é um marco importante para a temática que ora tratamos neste livro. É importante evidenciar que essa lei precisa ser implementada o quanto antes.

muito errado dentro da nossa casa. Olhei para mim e me vi sozinha. Meu companheiro também teve a mesma sensação. A gente não sabia o que fazer. (R., 38a, Belo Horizonte)

Entrar nos quartos, nesse aspecto, é entrar nas doenças emocionais e/ou mentais. Muitas pessoas têm me dito que, depois que me ouviram falar sobre esse assunto ou leram algum artigo que escrevi sobre essa questão, passaram a se dar conta de que seus filhos estão entrando no quarto, apresentando sinais de adoecimento, e que elas não sabem como agir. De maneira mais comum, essas pessoas pertencem a uma classe econômica mais favorecida.

Depressão, ideação suicida, bulimia nervosa, anorexia nervosa, síndrome do pânico, distúrbios obsessivo-compulsivos, crises de ansiedade, uso abusivo de álcool, uso abusivo de maconha, de drogas químicas — são problemas que parecem ser a chave de quem está entrando nos quartos e lá tentando sobreviver ao mundo que insiste em não ouvir os gritos de socorro e de dor. Não se trata, pois, de uma entrada feliz, mas de uma inserção por necessidade, de uma espécie de pedido de ajuda em tom mais elevado.

> Crianças não escolhem adoecer. Quando estão doentes, precisam dos adultos para ajudá-las a sair daquela situação. Ainda que não queiram o remédio, porque amargo, porque quente, porque provoca dor, sabem que, se a mãe e o pai dizem que o remédio fará ficar bom, então aceitam e fecham os olhos e fazem careta, e choram, mas querem o remédio. Querem ficar boas para que possam voltar a brincar.[7]

As crianças e os adolescentes, como já nos disse Santos, e sua saúde mental são negligenciados pelo Estado no que diz respeito ao enfrentamento desse quadro alarmante de meninos e meninas adoecidos.[8] Não é de hoje que a OMS aponta que as doenças mentais serão motivo de muita preocupação para as sociedades hodiernas e que as crianças e os adolescentes seriam vítimas dessas doenças.

A GERAÇÃO DO QUARTO

As gerações X, millennials e Z, pais e avós desse grupo de meninos e meninas que estão nos quartos e que passam horas a fio lá dentro, atormentados pelos fantasmas do inconsciente, não foram educados para acolher doenças emocionais dos seus filhos, ou porque nunca entenderam que crianças e adolescentes podem sofrer dores emocionais, ou porque acreditaram que seus adoecimentos não atingiriam os que ainda não eram adultos.

Mas estavam enganados. As crianças adoecem das emoções. Os adolescentes adoecem das emoções. As doenças mentais, sobretudo as relacionadas aos comportamentos perigosos, estão presentes na vida dos garotos e das garotas em idade escolar. Vamos precisar saber como é que se faz, se é possível que alguma coisa seja feita de modo mais subjetivo, para que nossos meninos e meninas não vivam como *hikikomori* nem como pessoas apáticas à vida.

É preciso encarar o adoecimento mental. Não mais negá-lo, nem negligenciá-lo, como fizemos por anos, décadas, quiçá séculos. Digo isso porque entendo que as doenças mentais nunca receberam das sociedades modernas a atenção devida, sobretudo se pensarmos que os estudos sobre a mente não foram aprofundados no campo dos leigos, longe dos consultórios, perto das pessoas, na casa das pessoas, no dia a dia das pessoas.

5. A escola

[...] o lugar em que se faz amigos.
Não se trata só de prédios, salas, quadros,
Programas, horários, conceitos...
Escola é, sobretudo, gente
Gente que trabalha, que estuda
Que alegra, se conhece, se estima.

Paulo Freire, "A escola é"

UMA ESCOLA QUE NÃO AJUDA

A escola é uma instituição social e histórica, submetida, desse modo, a condicionantes espaciais e temporais. Não se deve falar em escola como uma instituição estanque, estabelecida de modo determinista e sem qualquer relação com os contextos geracionais. A escola é resultado dos processos das gerações, visto que, sobretudo as tratadas aqui, acompanharam as emergências escolares, suas reformas, implantações e implementações.

A escola não está isenta de responsabilidade dos adoecimentos emocionais de meninos e meninas, nem é, ela mesma, a única causa matriz.

> Na minha escola eu sou vítima de bullying, doutor. Não aguento mais tanta perseguição. Não suporto mais. Já deram na minha cara e me tiraram o dinheiro do lanche e me fizeram andar num corredor escuro que tem lá. Eles são muitos. Mas tem um, o pior deles, que é acobertado. Ninguém faz nada na escola. (L., 14a, Natal)

Infelizmente, a escola no Ocidente aderiu ao discurso do racionalismo positivista, ainda que, em muitas situações, tenha tentado refutá-lo. As regras e as normas escolares são evidentes. Basta que façamos uma breve análise dessa instituição a partir do século XVIII, no Ocidente, para nos depararmos com uma organização social cujo objetivo mais destacado é formar pessoas para que ocupem postos de trabalho no mundo industrial.

A escola na qual estuda a geração do quarto, ainda materializada em pleno século XXI, nem sempre consegue, em razão dessas variáveis contextuais, ser um lugar acolhedor, um lugar não tóxico. Na sua grande maioria, a geração do quarto — ou as meninas e os meninos que estão emocional e mentalmente adoecidos — atravessa sérios problemas quando a escola é tradicionalista, no sentido de não ser dialógica.

Para muitas crianças e adolescentes, a escola não é só um espaço de aprendizagem, mas de traumas.

> Eu não quero mais ir à escola, porque não quero mais sofrer o que já sofri. Eu não aguento mais ser perseguida, ser xingada, ser agredida. Não consigo aprender. A única coisa que quero é poder ficar aqui, dentro do meu quarto, ouvindo Rihanna e seguindo minha vida. A minha vida é uma merda. Foi assim que comecei a comer muito. Muito mesmo. (R., 15a, Rio de Janeiro)

Se os alunos são sempre obrigados a realizar tarefas excessivas ou são perseguidos em razão de suas diferenças identitárias,[1] no lugar de ser um espaço e um tempo protetor das crianças e dos adolescentes — como

A GERAÇÃO DO QUARTO

prevê o Estatuto da Criança e do Adolescente (ECA) —, a escola se torna um inferno.

> Não queria ir à escola, porque lá eu sofria muito. Cinco meninas me batiam. Eu ficava com medo de falar o que me acontecia. Minha mãe descobriu, porque ela viu meu corpo marcado dos cortes que eu fiz. Aí minha mãe foi à escola. Me tirou da escola. Nesse ano, eu estou mais aliviada. (M., 13a, Belo Horizonte)

É muito importante que pais, mães, gestores e professores se unam em torno da proteção de crianças e adolescentes que estudam e frequentam cotidianamente a escola. Não se deve mais acreditar — infelizmente essa crença é alimentada pelo mercado de trabalho — que a escola exclusivamente prepara crianças e adolescentes para competir e ocupar postos de trabalho.

Essa crença é oriunda do final do século XIX, época em que o taylorismo-fordismo e o gerenciamento científico levaram para empresas e fábricas a ideia de que era preciso ter trabalhadores formados por instituições de ensino que os qualificassem e os tornassem capazes de compreender e explicar a lógica do mercado — a ideia de como fazer com que o capital não sofresse solução de continuidade, com vistas ao progresso.

A escola da geração do quarto também se assenta nessa ilusão de que o progresso genuíno advém exclusivamente da formação para o mercado de trabalho. Por isso, por muitas vezes, no lugar de cuidar do ser humano no seu todo, na sua forma integral, essa escola costuma investir em horários exaustivos, regras tecnicistas, quantificações de conteúdo, agendas superlotadas, aquilo que o pesquisador David Elkind chama de "processo para gerar crianças estressadas".[2]

Para o autor, há muitas razões para que crianças e adolescentes estejam estressados. No entanto, uma das mais expressivas é uma espécie de pressão social para que crianças e adolescentes cresçam ou, ao menos, comportem-se como se já fossem adultos. Para Elkind,[3] este é um dos maiores problemas dos processos pedagógicos contemporâneos: o excesso de atividades escolares e as programações pedagógicas voltadas para a formação de pequenos adultos.

> A escola é pela manhã e pela tarde, aí, à tarde, a gente faz tarefa, faz dever, e pela manhã a gente também faz tarefa e faz dever. É pouco tempo para respirar. Fico com dor de cabeça e, às vezes, quero pular o muro e sumir dali. É um inferno. (B., 12a, Maceió)

Em seu livro *O Ministério das Crianças adverte: brincar faz bem à saúde*,[4] Eduardo Sá explica que ser criança é um estado da alma e que, mesmo quando crescemos, podemos manter a infância que nos habitou e que tivemos. O problema, todavia, é se a escola em que estudamos, na qual passamos a maior parte de nossas horas, assim como sempre ocorre com crianças e adolescentes, desde a chamada revolução escolar burguesa, opta por não reconhecer que somos imperfeitos e falhos.

A escola na qual estudam crianças e adolescentes dos quais trato neste livro de algum modo, ou talvez de todos os modos, escolheu retomar o discurso de Frederick Taylor (1856-1915)* e pregar a ideia de uma ciência sem qualquer consciência e, por isso, falsamente neutra, voltada exclusivamente para o mercado de trabalho, para a formação conteudística. Essa ciência, por mim criticada, tem sido predominante nas bancas escolares.

> Aqui ninguém liga para mim; se liga, às vezes, até liga, mas é só para saber se eu vou passar de ano, se consegui resolver a equação, se sei quando o país ficou independente e se a redação será bem-feita, com boas palavras e bons sentidos. Eu, assim... eu mesmo, não importa muito. (M.C., 16a, Recife)

Evidentemente, não é minha intenção pôr a escola, ainda mais de forma generalista, no lugar de "culpada". Muita gente desavisada já atribui

---

* Frederick Taylor (Frederick Winslow Taylor), nascido em Germantown, Filadélfia, Pensilvânia, no dia 20 de março de 1856, foi um engenheiro mecânico norte-americano, considerado o pai da administração científica do trabalho.

à escola uma série de problemas que nada tem a ver com ela. No entanto, não devemos ignorar o fato de que a geração do quarto, na sua grande maioria, frequenta assiduamente as salas de aula e, pelo que ouvi e lemos nas entrevistas com essas meninas e esses meninos, a escola não os ajuda nem os ajudou no que diz respeito a não experimentar o processo de adoecimento emocional.

UMA ESCOLA DISCIPLINAR E VIOLENTA

Muitas pessoas, desavisadas e sem fundamentos científicos, condenam a escola e pregam neutralidade ideológica na/da escola. Mas não existe escola neutra, porque não existe nada nem ninguém neutro. Tudo, principalmente os organismos sociais, tem ideologias. O problema não é tê-las, mas querer que umas prevaleçam sobre as outras, sem que haja o respeito e a compreensão à diversidade ideológica. Querer neutralidade na escola é uma falácia. A neutralidade — inclusive a que se buscou, por exemplo, durante os séculos XVII, XVIII e XIX, no Ocidente, mais precisamente na Europa e na América do Norte, uma neutralidade científica, para a qual a razão era a única função psicológica superior do ser humano, com condições de fazê-lo chegar à verdade — naufragou diante das inconsistências que essa ideologia possuía.

Nos dias contemporâneos, depois das inúmeras revoluções da escola no mundo, e mais especificamente no Brasil, vivemos momentos em que ainda predomina a ideia pregada pela modernidade de que é papel principal da escola "transferir conhecimentos", "transmitir conteúdos científicos", mas fazer tudo isso de modo que não se considerem o contexto, as idiossincrasias, os temperamentos, as emoções, os sentimentos, as geografias, as línguas, as identidades.

A geração do quarto "estuda" em uma escola cuja base é um projeto de fazer crianças e adolescentes aprenderem a como usar os supostos saberes ensinados no cotidiano da vida, garantindo sua sobrevivência individual e coletiva. Para além dos seus poucos acertos, nesse projeto político-pedagógico, cujo objetivo central é acelerar o crescimento, são ignorados elementos da condição humana, tais como os emocionais, e são intensificados elementos dito cognitivos.

> Mas será que as crianças também podem ser pressionadas a crescer depressa emocionalmente? [...] Os sentimentos e as emoções têm seus próprios momentos e ritmos, e não podem ser apressados. Os adolescentes podem se parecer com adultos e se comportar como eles, mas em geral não sentem como os adultos. (Observe um grupo de adolescentes em um playground enquanto se balançam nos balanços e nas gangorras.) As crianças podem crescer depressa de algumas maneiras, mas não em outras. Crescer emocionalmente é complicado e difícil em quaisquer circunstâncias, mas pode ser especialmente difícil quando o comportamento e a aparência da criança falam "adultos" e seus sentimentos choram "crianças".[5]

Uma escola disciplinar é menos um local onde se aprende com prazer e mais um local no qual os processos de aprendizagem são matematicamente calculados para que as crianças e os adolescentes ajam como se não fossem crianças e adolescentes, mas uma espécie de adultos em miniatura. Como bem advertiu Janusz Korczak, nesse tipo de escola, o direito à infância é negado à criança e o direito à adolescência é aviltado.[6]

A ideia de disciplinaridade como contraponto a uma indisciplinaridade, de regras exógenas como contraponto a desordens comportamentais, é fruto de uma visão de mundo, de escola, de ser humano fundamentada no pensamento positivista, para o qual a criança e o adolescente são pessoas incompletas e carentes de orientação modeladora. O papel da escola disciplinar não é compreender e dialogar, mas impor regras adversas à natureza humana.

> A primeira vez que eu me cortei, usei uma gilete, foi no banheiro da escola. Na minha mente, chegavam as imagens do dia a dia da minha sala de aula, do nervosismo da prova, da cobrança para eu ser alguém na porra da vida. Mas eu não sou merda nenhuma. Sou

A GERAÇÃO DO QUARTO

um fracasso que anda. O corte sossegou essa agonia. Não aguento me olhar no espelho e ver que não consigo ser o que querem que eu seja. (J., 15a, Natal)

A escola fundamentada na disciplinaridade apresenta sérios problemas estruturais e de concepção do que seja educação, do que seja infância, adolescência, juventude. Escolas disciplinares são adoecedoras na medida em que tentam privar o humano de uma expansão de suas subjetividades e impõem uma espécie de objetividade plástica, no sentido de não ser natural, no sentido de inibir a liberdade necessária à saúde emocional.

Vimos que uma escola disciplinar, espaço e tempo nos quais o diálogo é substituído pelo silenciamento, o acolhimento é raro e a perseguição às diferenças identitárias são extravagantes e explícitas. Um espaço e tempo nos quais importam resultados, desempenhos, mas importam menos medos, inseguranças, despreparos, sonhos, inquietações, desejos, tende a ser opressivo e pouco reflexivo. Tende a ser fato de risco para adoecimentos emocionais.[7]

Nesse espaço e nesse tempo, nos quais a ordem é apresentada como uma forma de eliminar a "desordem", tão comum aos comportamentos humanos, sobretudo se esses humanos estão na fase da infância e da adolescência, costuma também haver uma cronotopia,* para usarmos a palavra do filósofo da linguagem Mikhail Bakhtin (1895-1975), que intensifica e acirra conflitos, agressões e violências.

Elkind adverte que a tensão pelas quais passam crianças e adolescentes em certos modelos escolares é perturbadora, agressiva, violenta, e vai de encontro à natureza complexa da condição humana.[8] O clima escolar, para usar uma expressão mais adequada ao que ora se diz, torna-se violento. A violência, de fora, de dentro ou produzida exclusivamente pela escola, é resultado certamente das relações humanas adoecidas e vice-versa.

---

* Cronotopo é uma composição das palavras gregas *cronos*, "tempo", e *topo*, "lugar". É um conceito usado por Bakhtin para tratar da relação espaço-tempo no âmbito literário. O conceito aparece no texto *Cronotopo e exotopia*, de Marília Amorim (2006).

> Fui perseguida por cinco anos na escola. No início, era só xingamento, mas depois também me batiam, davam em mim, puxavam meu cabelo, apertavam meu rosto e me derrubavam. Eu não reagia, ninguém reagia, elas eram umas dez, avançavam em todo mundo, mas me escolheram como saco de pancada. Era assim que me chamavam, "saco de pancada". (N., 14a, Recife)

> O negócio é quente aqui. As brincadeiras machucam, chutam a gente quando a gente não faz o negócio que mandam. Eu, no recreio, baixo a cabeça e fico na sala. Ninguém me diz nada. Mas tem dia, mesmo eu no meu canto, cabeça baixa, que levo mãozada para acordar. É um lugar bem violento mesmo. Não quero continuar nessa escola. Tá ligado? (F., 15a, Belo Horizonte)

> De boa, mano, a gente brinca. Aguenta quem aguenta. Tem brincadeira simples. Tem mais pesada. A que eu acho mais pesada é a brincadeira do desmaio. Pô, meu, aquilo é zoação demais. Empurram forte. O peito da galera fica vermelho. Então, desmaia. Desmaia mesmo, tá ligado? Depois, fica todo mundo ao redor. Canta. Dança. Até o bode expiatório acordar. (C., 15a, Rio de Janeiro)

A violência que habita a escola é complexa, multifacetada; seus motivos, suas causas, suas razões não são simples nem fáceis de identificar e tratar, mas, como todo fenômeno complexo, se não enfrentada, se não trabalhada, pode ser algo devastador, e estamos vendo que o *é*. Segundo a pesquisa intitulada O Papel da Educação para Jovens Afetados pela Violência e Outros Riscos, coordenada pela professora Miriam Abramovay, 79% de um grupo de estudantes de um município do Rio Grande do Sul afirmaram que sofreram violência dentro da escola.[9] A violência, nesse caso, vem mascarada de discriminação, e as questões identitárias são imediatamente apontadas como razões para que os estudantes sejam violentados.

Os dados levantados pela pesquisa explicitam que

A GERAÇÃO DO QUARTO

79% dos estudantes ouvidos declararam já ter sofrido algum tipo de discriminação — por raça ou cor (12%), gênero (10%), orientação sexual (9%), religião (11%), classe social (10%), preferência política (8%), roupa ou aparência (17%), ou devido ao lugar onde moram (11%). A questão da discriminação, inclusive, foi salientada durante a pesquisa quantitativa, quando alunos negros declararam, por exemplo, ter sido parados por policiais, enquanto os brancos passavam ilesos, ou ter ouvido perguntas preconceituosas durante entrevistas de emprego.[10]

No seu importante relatório sobre diagnóstico participativo das violências na escola, Abramovay *et al.* também já mostravam que a escola, no Brasil, em razão de uma série de motivos, mas todos relacionados ao projeto societário disciplinar,[11] tem sido um lugar no qual o clima violento predomina, e a ausência de diálogo e escuta de crianças, adolescentes e jovens é apontada pelos estudantes como sendo algo terrível.[12]

> A gente não é ouvido. Nossa opinião não faz parte da escola, também não faz parte da política nem da sociedade. Quem manda nesse mundo é adulto rico. Adulto pobre não manda. A gente, além de não ser rico, ainda não é adulto. A coisa é feia para o nosso lado. Não tem muito por que ficar na escola. (M., 14a, Maceió)

As violências nas escolas são muitas e estão, como sinaliza Elkind, sendo, em muitos momentos, a tônica do sofrimento de meninos e meninas. "A violência e a ameaça de violência na escola são fatores de estresse poderosos e têm efeitos significativos sobre alunos, professores, administradores e sobre o próprio processo de educação."[13] A violência, no nosso modo de ver, está relacionada ao projeto societário de uma dada sociedade.

No relatório *Violência nas escolas*, Miriam Abramovay e Maria das Graças Rua explicam que há uma relação muito estreita entre a violência que ocorre fora da escola e a violência que existe dentro da escola.[14] Em outras palavras, há uma relação entre a sociedade e a escola, visto que a escola nada mais é do que um organismo social inventado pelo imaginário coletivo, com fins específicos e com intenções programadas.

Elkind insiste que a violência ou a ameaça de existência dela gera estresse em crianças e adolescentes.[15] Segundo o autor, nos Estados Unidos, mais de 22% das crianças do 3º ano do ensino fundamental ao 3º ano do ensino médio estavam angustiadas com a proximidade do início do ano letivo na escola, em razão da violência ou da ameaça à emergência da violência pelas quais poderiam passar. Cerca de 25% dos alunos ouvidos na pesquisa da National Educational Goals Panel, disseram que a violência afetou diretamente a educação deles.[16]

Abramovay *et al.* apresentam os seguintes dados, numa pesquisa feita em sete capitais brasileiras (Belém, Belo Horizonte, Fortaleza, Maceió, Salvador, São Luís e Vitória), sobre a violência em vinte escolas de cada capital pesquisada: a maioria dos alunos considera que já ocorreu algum tipo de violência nas suas escolas (70%), não se enquadrando, entretanto, em tal tendência, os jovens das escolas de Belém, pois aí chegam a 89% os que indicaram que não teria ocorrido nenhuma violência. A percepção de que nas escolas teria ocorrido algum tipo de violência foi mais intensa em Maceió (85%), Salvador (83%) e Belo Horizonte (80%).[17]

Infelizmente, nossos filhos são afetados pelo medo, pela insegurança, pela incerteza de se haverá na escola uma ambiência saudável, uma ambiência para aprender, para fazer amizades, para começar a experimentar as suas primeiras e importantes relações sociais, afetivas. Na escola, muitas coisas podem ser boas para a estruturação emocional de um adolescente, mas também, caso a violência seja a tônica da escola, muitas coisas podem ser ruins e bárbaras.

A relação entre disciplinaridade e violência é visível, uma vez que a disciplinaridade tem por princípio e por pressuposto a regra imposta, sem o diálogo, que cria possibilidade de acertos e de ajustes.[18] A geração do quarto, fragilizada emocionalmente, com comportamentos perigosos, vulneráveis a transtornos mentais, corre sérios riscos nessa escola violenta, mas que não é violenta por ela mesma, e sim porque, de certo modo, como apontavam Pierre Bourdieu e Jean-Claude Passeron, reproduz as violências sociais como um todo.[19]

Em outras palavras, crianças e adolescentes não estão adoecidos porque somente suas escolas estão adoecidas. Do mesmo modo, o seu entorno,

A GERAÇÃO DO QUARTO

o seu redor, a sua comunidade, a sua família — o mundo, enfim, está também adoecido. Alguém então poderá dizer que vivemos num planeta doente e que não há saída. Nenhuma das duas afirmativas deve ser tomada absolutamente. Ambas, de certa forma, são constituídas de certezas absolutas. Um engano. De fato, temos exemplos evidentes de que o planeta está doente e, ao mesmo tempo, negando a afirmativa absolutista, temos exemplos de que há saída. Entretanto, para encontrá-la, precisamos de empatia, compaixão, gratidão, emoções e sentimentos essenciais à saúde do ser humano e do planeta.

Meninos e meninas entrevistados por Abramovay afirmam, segundo a pesquisa, que querem ser ouvidos, visto que suas vozes são silenciadas de modo geral e que esse silenciamento da voz não implica o silenciamento do corpo.[20] Quando fui ouvi-los para a pesquisa homônima ao título deste livro, também cheguei à mesma conclusão: as crianças e os adolescentes usam seus corpos como forma de expressar seus desejos e sonhos. Ou seja, querem falar — ainda que, para tal, não usem palavras.

6. A aids, a gravidez na adolescência e o uso abusivo de álcool

A minha vida
Eu preciso mudar
Todo dia
Pra escapar
Da rotina
Dos meus desejos
Por seus beijos
E os meus sonhos
Eu procuro acordar
E perseguir meus sonhos
Mas a realidade
Que vem depois
Não é bem aquela
Que planejei
Eu quero sempre mais!
Eu quero sempre mais!
Eu espero sempre mais!

Pitty e Ira, "Eu quero sempre mais", 2004

O DESAFIO DA AIDS

Estatísticas da Unaids (2016, 2018 e 2020)* mostram que, embora haja, numa escola global, redução no número de contágios pelo HIV, existe um preocupante crescimento do contágio entre adolescentes. Em 2018, na Conferência Internacional da Aids,** evento de maior importância na discussão sobre o assunto, dados ratificavam que

> cerca de 36 milhões de pessoas em todo o mundo vivem com HIV, de acordo com dados de 2016 do Programa Conjunto das Nações Unidas sobre HIV/aids (Unaids). Mas somente pouco mais da metade delas, 53%, tem acesso ao tratamento. O aumento do HIV entre jovens e populações vulneráveis também preocupa: do total de 1,8 milhão de novas infecções pelo HIV registradas em todo o mundo, no ano de 2016, 600 mil ocorreram entre jovens de 15 a 24 anos, e 80% dos novos casos de HIV, fora da África subsaariana, estão concentrados entre as populações-chave — pessoas que usam álcool e outras drogas, pessoas trans, gays e outros HSH, trabalhadoras do sexo e pessoas privadas de liberdade. Essas populações ainda experimentam altos níveis de violência, estigma, discriminação, criminalização e pobreza, condicionantes de vulnerabilidade que criam barreiras de acesso a direitos e ao cuidado integral de saúde.***

---

* Disponível em: <https://unaids.org.br/relatorios-e-publicacoes>.

** De 23 a 27 de julho de 2018, aconteceu em Amsterdã (Holanda) a XXII Conferência Internacional de Aids, o maior e mais importante fórum global sobre a epidemia. Disponível em: <http://www.saude.gov.br/noticias/agencia-saude/43874-brasil-participa-da-22--conferencia-internacional-de-aids>.

*** Dados apresentados pela Unaids, em 2020, evidenciam que crianças negligenciadas, descuidadas, estão morrendo em razão de infecções relacionadas ao HIV e que, se houvesse mais eficácia dos programas e mais cuidado para com as crianças, essa situação não estaria assim. Disponível em: <https://agenciaaids.com.br/noticia/aids-2020-relatorio-da-onu--aponta-que-criancas-estao-ficando-para-tras-na-resposta-ao-hiv>.

A GERAÇÃO DO QUARTO

Conforme Gunilla Carlsson, diretora executiva da Unaids, é inaceitável que toda semana 6 mil adolescentes sejam contaminados pelo HIV.*

Segundo o Ministério da Saúde do Brasil,** em 2019, os dados confirmam que o aumento no número de pessoas contaminadas pelo HIV, quando analisadas informações entre 2007 e 2017, se deu entre jovens masculinos de 15 a 29 anos de idade.

Estamos diante de um problema sério, porque a aids, a despeito de todos os avanços na ciência médica, ainda não tem cura, pode matar. Quem convive com o vírus HIV, para que se mantenha sem doenças oportunistas, precisa diariamente tomar uma série de remédios muito fortes, capazes, na maioria dos casos, de gerar efeitos colaterais.

Desse modo, começo este capítulo dizendo que aids é uma doença grave e deve ser encarada como tal. Qualquer compreensão que a enxergue como uma doença leve ou moderada é equivocada.

Mas por que trazer esse assunto para este livro? Afinal, a obra trata de um tema que tem a ver com saúde mental, saúde/doença emocional, e a aids é uma doença física. Sim, é verdade, mas também é verdade que os números de contaminação pelo HIV têm aumentado entre adolescentes e jovens que pertencem à geração do quarto, ou seja, há soropositivos entre as pessoas emocional e mentalmente adoecidas.

Durante as entrevistas que fiz com nossos interlocutores, ouvi alguns casos de adolescentes com comportamento suicida que eram soropositivos, o que lhes facultava maior fragilidade emocional.

> Quando fiz o teste rápido, aquele que dura quarenta minutos para saber o resultado, e vi que fez a listinha, a primeira coisa que veio na minha cabeça foi: vou acabar com a minha vida e não vou ter de passar por tudo o que eu sei que a minha família irá dizer. Então, mesmo com a dor de cabeça que me deu, entrei no banheiro, acho que foi assim, não recordo muito bem, e peguei os remédios todos. Era a sorte! (E., 18a, Recife)

---

* Disponível em: https://exame.com/ciencia/aids-cresce-entre-jovens-com-cortes-na--saude-alerta-pesquisadora.

** Disponível em: http://www.saude.gov.br/images/pdf/2019/fevereiro/22/22.02.2019. Campanha%20de%20Carnaval1.pdf.

O adoecimento emocional e mental é, sem dúvida, um fator de risco para os comportamentos perigosos. Entre esses comportamentos perigosos, como já citamos antes,[1] está o de ter uma vida sexual ativa, mas não praticar o sexo seguro. Uma pessoa emocionalmente fragilizada tende a ter um "descuido" muito ostensivo consigo mesma e a experimentar relações abusivas, porque comumente tem baixa autoestima.

> Eu sabia que, se a gente não transasse sem camisinha, ele se mandava. Eu gostava muito dele. Tipo, ele era minha vida. Saca? Fiz mesmo sem borracha e muitas vezes. Aí, teve um dia, era um sábado, ele me disse: deu positivo, eu fiz o exame. Aí, assim, para mim, eu já toda lascada, nem aí, nem aí pra mim. Ali, naquela relação, eu não contava nada. Era um zero à esquerda. (N., 17a, Rio de Janeiro)

É uma situação recursiva; a pessoa não se cuida porque está emocionalmente adoecida e está emocionalmente adoecida porque não se cuida. Não quero aqui encontrar ou explicar o que veio antes e o que veio depois, mas quero refletir sobre como as emoções adoecidas, os comportamentos perigosos e os transtornos mentais podem ser fatores de risco para a contaminação pelo HIV e para o desenvolvimento da aids e vice-versa.

O pesquisador norte-americano David Elkind acredita que existe um estímulo das mídias de modo geral para que crianças e adolescentes tenham comportamentos de adultos e, portanto, há um incentivo para que haja ações e atitudes eróticas. O autor entende que essa erotização de crianças e adolescentes tem relação com um jogo feroz de mercado, de marketing, de criar grupos sociais consumidores de produtos vinculados a um padrão social erótico, ativo e dinâmico sexualmente.

Segundo os argumentos de Elkind, para a lógica de marketing dessa indústria, fazer sexo com quem não se conhece bem não tem qualquer problema, porque o relevante é viver o prazer do momento. O prazer se relaciona com o desejo, e o desejo, com o consumo.

A erotização de crianças e adolescentes, no entendimento do norte--americano, é uma maneira de garantir que meninos e meninas comprem produtos, direta ou indiretamente, que são vendidos pela indústria

A GERAÇÃO DO QUARTO

da pornografia, do sexo explícito, das roupas íntimas, da moda de praia, dos motéis, das bebidas alcoólicas que regam as relações sexuais, das casas noturnas, das empresas de cerveja, de uísque, de vodca, de refrigerante.[2]

> Não ligo muito para camisinha, a gente quer cair na noite, se divertir, brincar, ver o que rola, ficar. Quase ninguém tem essa onda de camisinha, é difícil se pensar nisso, sou sincero, o importante é sentir o prazer. Eu mesmo já fiquei e não usei camisinha. Foi susto. Mas na hora, rolou. (R., 18a, Rio de Janeiro)

Adolescentes e jovens contemporâneos não têm a vida sexual como seus pais e suas mães tiveram. Há ritos contextuais e costumes de hoje. Não se deve comparar um tempo com o outro, mas, mesmo não usando comparações, é inevitável se perceber que a afirmação de Elkind sobre a relação jogo de marketing e vida sexual intensificada dos jovens tem sentido, e que realmente as experiências sexuais de meninos e meninas, considerando seus contextos, têm sido um desafio para os problemas relacionados ao aumento do número de infecções pelo HIV.

Na "era do ficar", é difícil se saber exatamente as razões reais que podem ser causa da prevalência do HIV entre adolescentes e jovens. Segundo o infectologista da Faculdade de Medicina da Universidade de São Paulo (FMUSP) e coordenador médico do Projeto PrEP Brasil* Ricardo Vasconcelos,

---

* A Profilaxia Pré-exposição (PrEP) ao vírus da imunodeficiência humana, o HIV, é uma estratégia de prevenção que envolve a utilização de um medicamento antirretroviral (ARV) por pessoas não infectadas, para reduzir o risco de aquisição do HIV através de relações sexuais. O medicamento ARV irá bloquear o ciclo da multiplicação desse vírus, impedindo a infecção do organismo. Há duas formas principais de PrEP: a oral, em forma de comprimido, e a tópica, em forma de gel. Os resultados iniciais dos ensaios clínicos da PrEP oral indicam que essa estratégia de prevenção pode ser extremamente útil para a mudança de cenário necessária no combate à infecção pelo vírus HIV. A eficácia parcial da PrEP foi demonstrada entre homens que fazem sexo com homens (HSH) e heterossexuais. Intervenções de prevenção biomédica, como a PrEP, têm um grande potencial, especialmente se combinadas à testagem anti-HIV ampliada (mensal ou trimestral), bem como diagnóstico e vinculação ao tratamento daqueles identificados como infectados pelo vírus.

não se deve tentar reduzir a complexidade do fenômeno a um ou outro fator exclusivamente, mas a questões multifacetadas.

> Acredito que essa é uma pergunta que tem uma resposta complexa. De fato, é transar sem camisinha que acaba fazendo o HIV se transmitir por via sexual, mas não podemos simplesmente culpar quem realiza essa prática, e, sim, compreender todos os fatores que acabam levando uma pessoa a ter relações desprotegidas. Os jovens de hoje estão pegando mais HIV que os jovens de vinte anos atrás porque eles são os jovens de hoje e não os de duas décadas atrás. São jovens que vivem num mundo diferente e interagem entre si, seguindo seus códigos, de maneira diferente do que faziam vinte anos atrás. O HIV é um dos aspectos dessa transformação, mas existem outros, como data de início da vida sexual, frequência de gravidez na adolescência, liberdade sexual etc. Somado a isso, existe o fato de eles terem nascido quando o HIV já havia tratamento que mantinha a saúde de uma pessoa que vive com o vírus, o que fez com que o número de mortes caísse enormemente. Isso realmente faz com que as pessoas tenham menos medo do HIV, mas, quando olhamos para a história da epidemia, vemos que o medo também não funcionou como estratégia de controle, então muito provavelmente, se os jovens de hoje vissem seus ídolos morrerem de aids, ainda assim, haveria um aumento no número de casos entre eles.[3]

O *modus vivendi* desse grupo é um perigo, pois configura um convite à presença da aids em suas vidas. Como lemos anteriormente, o sexo desprotegido tem sido uma ação recorrente, comum na vida deles. A possibilidade de contrair o vírus HIV não provoca neles o terror que já provocou muito amiúde em quem presenciou pessoas morrerem com sarcoma de Kaposi, tuberculose e infecções as mais diversas.

> De boa, conheço uma galera que não se liga muito nessa parada de HIV e, pode pirar o cabeção, mas tem nego que quer saber como é, quer viver com o vírus, que assim consegue transar com quem quiser e sem ter que se preocupar com a *vibe* da borracha. Tá ligado?
> (H., 15a, Belo Horizonte)

A GERAÇÃO DO QUARTO

A geração do quarto presencia, ainda que a seu modo, digamos assim, uma nova epidemia de aids, o que é um desafio para as famílias, para as escolas, para o Estado, para a sociedade de modo geral. A educação sexual é essencial para crianças e adolescentes. E mais essencial ainda é que a sociedade erradique de vez preconceitos de qualquer natureza em relação à sexualidade humana. Quanto mais diálogo, quanto mais acolhimento, quanto mais amorosidade, maior o nível de proteção, de cuidado e de autocuidado.

A GRAVIDEZ NA ADOLESCÊNCIA

A gravidez na adolescência não é um fenômeno simples. Exige de quem o analisa uma compreensão aberta sobre a situação de adolescentes que ficam grávidos(as).* Assim como o percentual de adolescentes e jovens que contraem o HIV, os índices referentes a meninos(as) grávidos(as) são altos no Brasil.

No Brasil, observa-se que, apesar do declínio das taxas de fecundidade desde o início dos anos 1970, é cada vez maior a proporção de partos entre as adolescentes em comparação com o total de partos realizados no país. Segundo dados estatísticos do SUS relativo a 2000, dos 2,5 milhões de partos realizados nos hospitais públicos do país, 689 mil eram de mães adolescentes com menos de 19 anos de idade.***

---

* Nossa intenção é usar a palavra "grávidos(as)" porque queremos evidenciar que a menina não fica grávida sozinha e que o menino, na maioria das vezes, não compreende que a responsabilidade é de ambos e que ambos necessitam cuidar da gravidez.
** Segundo dados do Ministério da Saúde, entre 2000 e 2018 houve diminuição de 40% nos casos de gravidez entre garotas com 15 a 19 anos. Já entre aquelas com menos de 15, a queda foi de 27%. Apenas em 2018, 434 mil adolescentes entre 15 e 19 anos foram mães; isso representa 68,4 nascimentos para cada mil. A taxa mundial é de 46 nascimentos, de acordo com os dados do Ministério da Saúde. A taxa de mortalidade infantil entre as mães mais jovens (até 19 anos) é de 15,3 óbitos para cada mil nascidos, acima da taxa nacional, que é de 13,4 óbitos. Estudo da Opas, em parceria com o Fundo das Nações Unidas para a Infância (Unicef), publicado em 2018, aponta que a gravidez na adolescência ocorre com maior frequência entre as meninas com menor escolaridade e menor renda, menor acesso a serviços públicos, e em situação de maior vulnerabilidade social. Disponível em: <https://g1.globo.com/ciencia-e-saude/noticia/2020/02/03/com-alerta-contra-o-sexo--precoce-governo-lanca-campanha-de-prevencao-a-gravidez-na-adolescencia.ghtml>.

A gravidez na adolescência não é um fenômeno exclusivo do Brasil. Dados apresentados pela Opas/OMS, em 2018, mostram que:

> A taxa mundial de gravidez na adolescência é estimada em 46 nascimentos por cada 1.000 meninas, enquanto as taxas de gravidez na adolescência na América Latina e no Caribe continuam sendo as segundas mais altas do mundo, estimadas em 66,5 nascimentos por cada 1.000 meninas com idade entre 15 e 19 anos — superadas apenas pela África Subsaariana, segundo o relatório "Accelerating progress toward the reduction of adolescent pregnancy in Latin America and the Caribbean".[5]

O relatório da Opas/OMS afirma que, no mundo, anualmente, ficam grávidas cerca de 16 milhões de adolescentes de 15 a 19 anos; e 2 milhões de adolescentes menores de 15 anos; e que as populações mais vulneráveis econômica e socialmente são as mais atingidas. O relatório não trata do adoecimento emocional e mental de meninas que ficam grávidas, mas quando escutei meus interlocutores, fiquei sabendo o que destaquei a seguir:

> Um dia, a minha menstruação não chegou e eu achei que fosse porque eu tomo remédio que o psiquiatra passou. Mas não era. Era porque eu estava grávida e eu fiquei grávida no dia em que minha vida não parecia ter solução. Naquele dia que a única coisa legal é gozar e deixar rolar. Foi assim que aconteceu. Sem camisinha, claro. (A.B., 18a, Recife)

> De boa, não me importei muito com barriga, até porque eu nem sabia que seria tão difícil criar um filho e estudar e fazer uma porrada de coisa. Mas minha mina não tava legal, meio depressiva, sem vontade de nada, aí, a gente transou, e ela ficou de barriga. Eu parei a escola e comecei aqui nesse trampo. Beleza? (C., 15a, Rio de Janeiro)

A gravidez na adolescência não é uma das causas das doenças emocionais, dos comportamentos perigosos, dos transtornos mentais? É uma

A GERAÇÃO DO QUARTO

pergunta que não vou responder, porque não tenho elementos para dizer que sim nem que não. Ainda assim, acho prudente refletir que existe uma relação entre a gravidez na adolescência e desafios para a vida adolescente a partir dessa situação.

> Não teve essa *vibe* de pensar nisso, de filho, na hora. Mas, depois, senti a barra. (A., 17a, Natal)

É frequente entre o senso comum e em alguns estudos sobre o fenômeno da gravidez na adolescência se atribuir à desinformação a emergência da gravidez nesse contexto.[6] No entanto, essa crença em relação, por exemplo, à geração do quarto parece ser um tanto inconsistente, visto que do fim do século XX aos dias contemporâneos a informação sobre como evitar ter filhos é ampla e aberta.

Para se saber sobre métodos anticonceptivos, basta ir a uma banca de jornal, a uma livraria, ou mesmo acessar sites e blogs, e-books, vídeos, tudo em larga escala na internet. As escolas tratam esse assunto, as séries de televisão, as telenovelas, as rádios. O acesso à informação não é, para as gerações contemporâneas, similar ao que foi para as gerações baby boomer, X e millennials.

Quando se quer analisar o fenômeno, é importante ter em mente que os motivos que levam adolescentes a não se importarem em ficar ou não grávidos podem ser bem mais complexos do que se pensa e sente. Podem ter relação com uma espécie de projeto de vida diferente daquele que lhe é previamente oferecido pela sociedade. Ficar grávido, nesse sentido, pode ser um projeto de vida racionalmente programado.

> Eu sabia que ficaria grávida, e eu e ele, a gente quis. Foi bom. A gente foi pra uma casa e aos poucos a gente consegue arrumar tudo. É melhor ser mãe na minha idade do que viver com a minha mãe e com o marido dela. Entendesse, moço? Ele é uó e ela uma chata. Saí porque eu quis. Tem nada não de parar a escola. Depois volto. (D., 16a, Maceió)

> Eu planejei junto com o pai da minha filha ficar grávida. Achei bem melhor porque meu sonho é ter uma casa, um marido e sair dessa rua onde minha avó mora. Não quero ficar mais na casa da minha avó. Posso deixar na creche, depois, e fazer faxina, eu sei fazer e não gosto de estudar mesmo. (A., 17a, Recife)

Os adolescentes não ignoram formas de prevenção à gravidez, mas almejam seguir um modelo de vida que se relaciona muito com um status de família nuclear. Os dados apontam que as meninas e os meninos que ficam grávidos, em termos econômicos, pertencem a classes sociais menos privilegiadas, menos favorecidas. No entanto, para as meninas, ficar grávida e ter um bebê, apesar de os desafios materiais se acirrarem, pode lhes trazer alegria e contentamento.

Sobre esse ponto, Diana Dadoorian afirma que

> apesar dos problemas dramáticos que essa situação lhes acarreta, como, por exemplo, o abandono dos estudos ou o seu adiamento, maior dependência econômica dos pais, visto que a maioria das jovens continua morando com eles após o nascimento do filho, já que o pai da criança é, na maioria dos casos, também adolescente; mesmo com todas essas dificuldades, é bastante comum ouvirmos a adolescente dizer que está contente com a perspectiva de ser mãe e que quer ter um filho.[7]

Obviamente não se pode tomar por absoluta a ideia de que adolescentes ficam felizes ao se descobrirem grávidas; entretanto, reduzir a discussão da gravidez na adolescência ao fato de que "meninos" e "meninas" não sabem como evitá-la também me parece um reducionismo comum aos modelos deterministas de sociedade. A situação é mais complexa.*

---

* A propósito, é importante destacar que, a meu ver, somente uma política pública séria e direcionada para a realidade, sem extremismos e sem moralismo, é capaz de colaborar para que os índices de gravidez na adolescência, ainda altos no Brasil, sejam diminuídos.

A GERAÇÃO DO QUARTO

Meu pai me ensinou como evitar filhos e minha mãe também. Na escola, teve aula e eu li muito sobre gravidez na adolescência quando a gente fez o trabalho da Mostra de Conhecimentos. Eu não sou uma desinformada. Eu sou uma azarada. Saca a diferença, velho? (B., 17a, Recife)

Mas, mesmo que pareça ruim, eu não acho tão mau. É chato. Não foi ele que ficou com a barriga grande. Não consegui ir para a escola. Medo de ser zoada. Muito mala na sala. Mas eu quero ter minha filha, sei lá. Eu quero que ela fique bem. (P., 16a, Belo Horizonte)

A geração do quarto experimenta cotidianos que, embora não sejam comuns exclusivamente a ela, reforça a ideia inicial deste livro, de que meninos e meninas na contemporaneidade vivem situações, convivem com situações, experimentam situações, a princípio, vistas como de gerações anteriores, mas ampliadas em novos modelos e formatos.

O USO ABUSIVO DE ÁLCOOL

Se fazem sexo desprotegidos, se a gravidez na adolescência é também um fato, outro problema nos parece do mesmo modo muito preocupante: os adolescentes e jovens têm consumido álcool de modo abusivo e de maneira intensa nas últimas décadas. Meninos e meninas, ainda no início da adolescência, conseguem consumir bebidas alcoólicas e, muitas vezes, com a anuência dos pais e o evidente apoio da sociedade.

Para cada 180 mil habitantes, no Brasil, há um ponto de venda de bebida alcoólica, segundo Ronaldo Laranjeira, pediatra da Universidade Federal de São Paulo (Unifesp), doutor em Dependência Química. Laranjeira acredita que há uma estreita relação entre o uso abusivo de álcool pelos adolescentes e as questões da ordem da educação emocional.

O álcool reduz o nível de ansiedade, e algumas pessoas estão mais propensas a desenvolver alcoolismo — a pressão do grupo de amigos, o sentimento de onipotência próprio da juventude, o custo baixo da bebida, a falta de controle na oferta e consumo dos produtos que contêm álcool, a ausência de limites sociais colaboram para que o primeiro contato com a bebida ocorra cada vez mais cedo.[8]

As emoções fragilizadas e as inseguranças existentes certamente contribuem para que meninos e meninas queiram usar o álcool como mecanismo para enfrentar os desafios cotidianos. Além disso, há uma tendência de certos pais e mães de acharem que o álcool não é um perigo para adolescentes e que eles podem consumir bebidas alcoólicas sem problemas e sem sequelas, o que não deve ser absolutamente tomado como verdade única e plausível.

Maurício Lima* explica que, hoje em dia, os adolescentes e jovens consomem mais álcool do que seus pais e suas mães, sobretudo as meninas. Elas consomem mais álcool do que suas mães consumiam. Isso porque há uma espécie de projeto de marketing cujo objetivo central é atingir a juventude fazendo dela uma consumidora real das bebidas alcoólicas mais diversas. Ao mesmo tempo, ainda segundo Lima, os pais não são reguladores desse comportamento abusivo, sendo, em algumas situações, incentivadores.[9]

A propaganda dirigida ao público jovem é mais intensa hoje e existem produtos desenvolvidos especialmente para essa faixa etária. Um exemplo são as sodas alcoólicas que, apesar de aparentemente fraquinhas, contêm teor alcoólico muito mais elevado do que a cerveja. [...] Por outro lado — e outro motivo de grande preocupação —, é alguns pais permitirem que os filhos bebam porque não veem problema na bebida. A justificativa é que, afinal, todos os adolescentes bebem. Por isso, aceitam como normal o fato de os filhos começarem a consumir álcool cada vez mais cedo. Hoje, é comum

---

* Médico hebiatra, coordenador do Ambulatório de Filhos de Mães Adolescentes do Hospital das Clínicas da Faculdade de Medicina da Universidade de São Paulo (Hcfmusp), e membro da Associação Paulista de Adolescentes e do Departamento de Adolescência da Sociedade de Pediatria de São Paulo.

A GERAÇÃO DO QUARTO

os adolescentes se reunirem na casa de um deles para o "esquenta", ou seja, para beber alguma coisa e chegar meio alcoolizados à festa. Se não for assim, parece que a festa não tem graça.[10]

O comportamento *binge drinking*, ou seja, o consumo compulsivo de álcool, a conhecida "bebedeira", tem sido comum entre jovens brasileiros. Tal comportamento, alerta Ronaldo Quintanilla, estudioso da Universidade Autônoma do Chile, pode ter repercussões negativas no desenvolvimento do cérebro, afetando áreas como memória e possibilitando maior vulnerabilidade a outros tipos de dependência química.[11]

A geração do quarto costuma fazer uso abusivo de álcool, sobretudo quando experimentam situações de violência. Entre 2014 e 2015, considerando os livros de ocorrência de determinado conselho tutelar numa cidade do agreste do estado de Pernambuco, Elaine Lima (2017) verificou que o uso abusivo de álcool associado à violência física tinha sido responsável por quase 75% dos registros de meninos e meninas agredidos, e que a violência registrada era relatada como sendo resultado do uso abusivo de bebidas alcoólicas pelos adolescentes.[12]

Nesses registros dos livros de ocorrência, Lima encontrou elementos textuais que remetiam à relação uso abusivo de álcool e adoecimento emocional por parte dos adolescentes registrados nos livros. Os registros traziam palavras como "depressivos", "ansiosos", "nervosos", "violentos" e "loucos".[13]

> A família que pede ajuda ao Conselho Tutelar traz no pedido ou uma assunção de culpa, ou deflagra que o uso abusivo do álcool é comum na casa, é realizado por adultos, é incentivado pelo grupo de amigos e é potencializado pela insegurança do adolescente.[14]

Os meninos e as meninas, usuários abusivos de álcool, ainda que em fins de semana apenas, não estão bem. Não estão "legal". Há algo que precisa ser feito para que eles falem suas angústias, suas inquietações e seus desejos. Por que estão tentando resolver com a bebedeira o que não conseguem resolver sem ela? Não se trata de um "porre" esporádico, uma ocorrência fugaz, mas de um comportamento que sinaliza problemas emocionais, medos, inseguranças e fragilidades mentais.

> Meus pais não sabem, mas sou um alambique. Nas festas, bebo muito. Eu comecei com 13, 14, nem sei mais. Mas não é fácil parar. Quando o negócio aperta, uso mesmo o álcool, uso o ecstasy, mas, mesmo assim, eles me veem pouco. São muito ocupados e não conversamos sempre. Eu vou bem na escola. É o que importa. Para eles. Acho. Sei lá. (F., 16a, Recife)

Não são todos os adolescentes e jovens que estão no "quarto" que usam álcool de forma abusiva. Alguns nem "curtem" bebidas alcoólicas, porque estão se relacionando com as emoções fragilizadas de outras maneiras. Porém, sem dúvida, há relação entre o consumo abusivo de álcool e o uso abusivo de drogas com as fissuras emocionais, e não devemos fechar os olhos diante desse fato.

Resumindo: entre o fim do século XX e os dias atuais, houve um aumento significativo de pessoas, sobretudo do sexo masculino, entre 15 e 29 anos, que se contaminaram com o HIV; o número de jovens e adolescentes grávidas(os), também nesse período, aumentou exponencialmente, e o uso abusivo de álcool pelos adolescentes e jovens é uma questão muito preocupante em razão de tudo que sabemos sobre alcoolismo e suas terríveis consequências.

7. Os ídolos

Eu queria ser como você
Que sofre só um pouco, na medida
Eu queria ser igual você
[...]
Sempre me disseram que eu ia enlouquecer
Se eu continuasse me espelhando em você [...]
Por favor, me ensina a ser assim como você
Por favor, me ensina a ser assim como você
Me ensina a ser como você
Eu quero ser como você

Jão, "Eu quero ser como você", 2018

O CASO DOS YOUTUBERS

A geração do quarto gosta de pessoas que se parecem com ela. Entre os ídolos da maioria desses meninos e dessas meninas estão os criadores de conteúdo em vídeo para a plataforma YouTube, os chamados youtubers. Há casos no Brasil, por exemplo, de youtubers que, em seus canais da internet, possuem por volta de 40 milhões de seguidores e são chamados de influenciadores digitais ou influencers.

> Tá valendo? Então, tipo, eu curto mesmo Felipe Neto e curto também o Rezendeevil. Eu colo neles. O jeito deles. O humor. Não curto televisão. Gosto do Porta dos Fundos, também assisto à Netflix. (C., 15a, Natal)

A geração do quarto não demonstra querer ver televisão. Sua fixação é a internet, as plataformas de *streaming*, como a Netflix, e os youtubers, que conseguem falar para a "galera". No Brasil, segundo dados da Rede Snack (2017),[1] o piauiense Whindersson Nunes é o youtuber mais seguido na internet brasileira: são mais de 39,5 milhões de inscritos.*

> O Whindersson Nunes é massa!!! Engraçado. Ele é meio palhaço e não leva nada muito a sério. Eu curto o jeito dele e tenho pensado em seguir carreira de youtuber. Faço meus vídeos. Jogo na internet e já tenho mais de mil seguidores. Ele fala com graça e fala rápido como eu, e faz piada e salva o meu dia. (A., 11a, Recife)

> Eu curto o Felipe Neto e o irmão dele, o Luccas Neto, e gosto também do Gérman Garmendia. Gosto de espanhol. E eu passo um tempo vendo esses vídeos. Teve uma vez que fiquei umas cinco horas só vendo vídeos, foi na vez que meu pai me disse que ia embora de casa. (G., 11a, Belo Horizonte)

Andrade Filho afirma que os adolescentes e as crianças adoram e veem muito esses vídeos, que, em sua grande maioria, demonstram certa indiferença com a Declaração Universal dos Direitos Humanos (DUDH).[2] Não existe uma relação cuidadosa entre o que se comunica e a consequência dessa comunicação, ou seja, se a comunicação pode gerar algum tipo de preconceito.

> Não me ligo muito nessa *vibe* de direitos humanos, mas é mais zoação, tá ligado? É mais brincadeira, tá ligado? Eu gosto, mas esses vídeos

---

* Dados de 26 de maio de 2020.

A GERAÇÃO DO QUARTO

> todo mundo vê e são engraçados. Ele faz careta, muda a voz, zoa com todo mundo, principalmente pessoas que são diferentes, esquisitas. (E., 15a, Recife)

Os youtubers, em sua maioria, possuem características identitárias similares aos seus seguidores? Por exemplo, a ex-youtuber Kéfera Buchmann* afirma que já viveu na pele o bullying escolar e que, em razão dessa violência, sofreu emocionalmente e passou por situações muito constrangedoras que a traumatizaram.

> Eu quando vejo o vídeo me vejo ali. Sinto que aquilo que aconteceu com ela também acontece comigo e acho que ela fala pra mim o que ela diz. Tipo, parece a vida real, e a vida real é aquilo que eu passo todos os dias. Tá ligado? (R., 15a, Rio de Janeiro)

O processo de identificação entre o youtuber e o seu seguidor é muito comum e traduz uma espécie de acolhimento, de agrupamento, de formação de equipe. Se eles se parecem comigo, passam pelo que eu passei ou passo, então eles me entendem, podem dialogar comigo, me ajudar e me retirar de onde estou.

Felipe Neto, um dos youtubers mais conhecidos pelas meninas e pelos meninos, com 38 milhões de seguidores inscritos em seu canal,** em várias ocasiões explicou para quem assiste a seus vídeos como a depressão fez parte de sua vida e como ele sofre em razão dessa doença. Muitos seguidores de Felipe Neto, assim como ele, também têm depressão ou conhecem alguém que tem.

Não é à toa que há uma relação de aproximação entre quem faz vídeos e quem assiste a eles. São pessoas, de certa forma, parecidas, e com senti-

---

* Kéfera Buchmann de Mattos Johnson Pereira (Curitiba, 25 de janeiro de 1993), conhecida simplesmente como Kéfera, é uma atriz, blogueira e escritora brasileira. Ficou mais conhecida com o canal do YouTube 5inco Minutos, um dos primeiros canais do Brasil a atingir um milhão de inscritos. Em 2016, foi eleita pela revista *Forbes* como uma das jovens mais promissoras do Brasil.

** Dados de 26 de maio de 2020.

mentos e pensamentos antenados com sua época. A geração que faz vídeos na internet também demonstra fragilidades emocionais e mentais e, talvez, em alguns casos, tenha diagnóstico de adoecimento.

É importante atentar à seguinte questão: não há problema algum em ser youtuber ou seguidor deles. Pelo contrário, é uma forma de comunicação e de interação de nosso tempo. O que se quer demonstrar aqui é que a geração do quarto admira, venera, segue, ouve e respeita pessoas cujos comportamentos talvez copiem e reproduzam. E qual o problema se foi sempre assim, não é mesmo? Todas as gerações tiveram seus ídolos e fizeram deles referência e modelo. O contratempo que vejo nessa relação, na verdade, é o fato de, muitas vezes, o youtuber, ou um canal no YouTube, se tornar a única fonte de informação para adolescentes que buscam conhecer determinado assunto.

> Como não gosto de ler livros, eu vejo sempre os vídeos e acho melhor. É mais rápido e a gente aprende mais. A linguagem também é melhor. O vídeo tem uma duração que eu posso ver no caminho para casa. Também é assim que a galera faz lá na escola.
> (R., 16a, Recife)

Deixar de buscar informação em livros, jornais, revistas, sites e focalizar exclusivamente em canais do YouTube pode ser um dos mais problemáticos equívocos destes nossos tempos. De modo geral, os vídeos abordam temas a partir da opinião de seus comunicadores e não demonstram fundamentação capaz de sustentar argumentos com maior e melhor aprofundamento.

Quando converso com pais, mães, professores e professoras, ouço frequentemente depoimentos como este, que nos é trazido por Andrade Filho em suas pesquisas:

> Tem sido essa a prática desses meus alunos e alunas. Quando pergunto se leram um livro de literatura, por exemplo, me falam que viram um vídeo que tem um resumo, uma resenha e que, por isso, eles optaram

A GERAÇÃO DO QUARTO

por não ler o livro, fazendo, assim, a substituição do texto pela imagem e tentando, com isso, evitar a palavra escrita, favorecendo o império da palavra digital.[3]

Talvez seja o caso de analisarmos a razão pela qual a geração do quarto, no lugar do texto verbal escrito, opte pelo texto digital, pelo texto icônico, pelas imagens. No texto "Leveza" de seu livro *Seis propostas para o próximo milênio*, o teórico italiano Ítalo Calvino explica:

> Às vezes, o mundo inteiro me parecia transformado em pedra: mais ou menos avançada segundo as pessoas e os lugares, essa lenta petrificação não poupava nenhum aspecto da vida. Como se ninguém pudesse escapar ao olhar inexorável da Medusa.
> [...]
> Cada vez que o reino do humano me parece condenado ao peso, digo para mim mesmo que à maneira de Perseu eu devia voar para outro espaço. Não se trata absolutamente de fuga para o sonho ou o irracional. Quero dizer que preciso mudar de ponto de observação, que preciso considerar o mundo sob outra ótica, outra lógica, outros meios de conhecimento e controle. As imagens de leveza que busco não devem, em contato com a realidade presente e futura, dissolver-se como sonhos...[4]

A geração do quarto, por ser denso o mundo que a cerca e a institui e que por ela, de certo modo, também é instituído, diz não querer a "densidade" do livro nem a "densidade" da palavra que demora. Almeja a informação rápida. Talvez por isso seja superficial, incapaz de provocar reflexões mais agudas.

Seriam os youtubers, então, todos, sem exceção, superficiais? Não creio nem defendo essas ideias, mas vejo, com pesar, o abandono do livro impresso e/ou digital e o uso abusivo de informações opinativas de uma série de pessoas, em muitas ocasiões, sem aprofundamento no que dizem, sentem e pensam.

NÃO É MESMO UMA QUESTÃO DE GRIFE

O mercado da moda sabe que não é exatamente uma grife que põe a geração do quarto dentro de uma cabine de loja. Até porque sabe também que as compras virtuais aumentaram muito do início do século XXI para os dias atuais. A geração do quarto não se importa muito com grifes. Sua intenção é usar roupas que estejam amparadas em temas e em ideias.

> Eu compro pelo Instagram. Elas, as meninas da loja, põem as roupas no Instagram e eu vejo o que quero, aí elas mandam em casa. As roupas são costuradas por elas e são legais, gosto, são bonitas e me dão a sensação de leveza, e ando tão pesada, tão pesada. (H., 14a, Natal)

Parece contraditório — e é contraditório mesmo. A geração que não tem no livro impresso ou digital sua grande marca tem também certa repulsa à ideia de marca pela marca. Tem de haver uma proposta e uma causa. A causa que veste a geração do quarto pode ser variada e opositiva. Isto é, não se tem um consenso ideológico sobre quase nada.

A geração do quarto, a dos millennials, a geração Z, embora não sejam idênticas, possuem, de algum modo, elementos que são comuns? Por exemplo, quando o assunto é em relação a não reproduzir pura e simplesmente comportamento de ídolos? Ou "eu só uso determinado produto se ele me transmitir alguma mensagem", "não sigo simplesmente o que minha 'ídala' segue, tenho de saber se há um sentido, uma mensagem que ela segue"? Nesse aspecto, essas gerações se parecem?

Penso que sim. A relação direta "o meu ídolo usa tal produto e eu, por essa razão, também devo usar" não é exatamente assim com as meninas e os meninos nascidos no fim do século XX e início do século XXI. Eles querem entender o que existe por trás do produto, o que a marca pensa sobre ecologia, sobre etnia, sobre gênero e sobre orientação sexual, e não simplesmente usar um produto "porque alguém de quem eu sou fã usa".

A GERAÇÃO DO QUARTO

A geração do quarto avançou léguas e léguas de distância das gerações que a antecederam. Foi além, bem além. Mesmo que seus ídolos vistam essa ou aquela roupa, usem esse ou aquele sapato, o que importa mesmo é se as grifes/marcas estão conectadas com valores, causas, motivos coletivos, ações que tenham a ver com ideologias, causas sociais, ambientais, identitárias — resumindo: com liberdade.

Pode não parecer, mas a geração do quarto é ávida por liberdade. A liberdade que vem para lhe trazer um sentido, um vínculo, um *modus operandi*, uma espécie de enteléquia. Os youtubers parecem livres, libertários, bem-humorados (ou não), mas demonstram ter uma causa comum, e não se importam com as grifes em si, mas se as grifes transmitem ideias.

> Não uso roupa só pela marca, mas eu analiso se a marca é voltada para causas e se ela se preocupa com o meio ambiente e com as crianças e com causas humanitárias. É fácil também que criem produtos sem qualquer compromisso social, mas eu escolho porque não quero contribuir para um mundo em chamas. (B., 16a, Recife)

> Minha maneira de comprar sapatos? Eu sei que a Taylor Swift, por exemplo, tem uma marca de roupas e eu amo a Taylor Swift, mas eu não compro só porque ela é a dona da marca e assina a marca, eu compro, se compro, porque acho que ela é uma pessoa que se engaja em causas humanitárias. (M.C., 14a, Rio de Janeiro)

A geração do quarto conduz seu comportamento de consumidora com base em critérios que o mercado passou a respeitar. Não é simplesmente o consumo pelo consumo; é preciso que haja relação com movimentos, causas, coletivos. Nesse aspecto da moda, o mercado entende que as meninas e os meninos exigem compromissos e não se iludem simplesmente com marketing.

Não basta comprar, mas ser diferente. Eis o que entendeu o mercado. Na verdade, a geração do quarto põe em causa as demais gerações na medida em que não faz do seu corpo uma etiqueta ambulante, como anunciava Carlos Drummond de Andrade em seu poema "Eu, etiqueta".[5] O poeta dizia que um eu tomado de anúncios caminhava pela estrada sem qualquer reflexão.

A geração do quarto, frágil nas emoções, com dificuldade de enfrentar desafios mais contundentes, emergente no mundo on-line, sem perspectivas tão seguras de emprego, não quer os produtos pelos produtos, mas exige que haja uma espécie de contextualização identitária. A roupa que se parece comigo é menos a roupa, menos o sapato, mas o que sustenta de ideológico essa roupa, esse sapato.

> O comportamento difere dos seus pais, que compõem a "geração X" e construíram o império das marcas ao inaugurar a compra por impulso. Jovens querem se diferenciar não pelo nome impresso na etiqueta, mas pelo quão diferente parecerão com aquela roupa. Se só 33% dos avós de hoje procuravam se sentir alguém fora da caixa com a roupa, segundo Lisa Holmes, gerente de pesquisa da Euromonitor International — a maior agência de pesquisa do segmento da moda —, 59% dos "millennials" querem se diferenciar.[6] *

Os ídolos não são para sempre e o que eles usam também não. É preciso entender que essa geração pensa a vida pelo "já", e quando o "já" não lhe vem, tende a não suportar o "aguarde um instante", o "instante seguinte". As grifes são efêmeras e suas lógicas não são acolhidas como se fossem leis fechadas e determinantes. A geração do quarto não se preocupa com o status determinista.

No meu entendimento, a questão central que aqui se analisa é menos se a geração do quarto consome ou não consome — isso é indiscutivelmente relevante —, mas o fato de que ela não consome sem que o produto a ser consumido tenha a ver com alguma mensagem individual e/ou coletiva que possa ser considerada relevante aos seus olhos.

---

* Como já havíamos dito, a geração do quarto não deve ser confundida com as gerações millennials e Z de forma biunívoca. Porém, nesse aspecto, mais precisamente, possuem comportamentos similares, uma vez que pensam e agem de forma semelhante.

A GERAÇÃO DO QUARTO

> Eu curto as roupas que são usadas pelos MCs, aquelas camisas, aqueles bonés, gosto dos brincos e das bermudas bem folgadas e compridas, mas curto quando há uma questão social, tipo como vamos cuidar do nosso planeta? Tá ligado? (A., 15a, Recife)

> Não me interesso muito pela grife da roupa, ou do meu sapato, mas acho que vale se eu não compro uma roupa numa loja que tem problemas com a questão da escravidão, tipo o trabalho escravo, a falta de respeito com a pessoa trabalhadora. (G., 17a, Belo Horizonte)

A geração do quarto não se aliena diante de anúncios e propagandas. Sua capacidade de análise apurada em relação ao que consumir talvez tenha a ver com o fato de poder ter acesso a um número grande de ofertas e fazer comparações de preço e qualidade. Não é mesmo exclusivamente a grife que irá definir o comportamento de consumidor desses meninos e meninas, mas o compromisso da marca com algo mais profundo.

São pessoas que estão mais dispostas a usar seu dinheiro com viagens, com gastronomia, com experiências que lhes facultem um viver mais imediato e melhor. A geração do quarto tem traços antagônicos; isso quer dizer que pode, num mesmo momento, querer ficar no quarto, isolada, mas, de um instante para outro, desejar romper com esse isolamento. Porém, por vezes, não conseguir tal ruptura pode ser motivo de angústia, inquietação, sofrimento e confusão emocional.

OS SONS E AS MÚSICAS, AS PLATAFORMAS QUE FORMAM

A geração do quarto parece gostar de música, e seu gosto é eclético, de tudo um pouco: todos os gêneros, todos os ritmos. Os artistas, cada vez mais variados, diversos: novos e antigos, em língua materna e em língua estrangeira, mulheres, homens, *drag queens*, crianças, adolescentes.

A geração do quarto, a música e o mundo digital estão muito inter--relacionados. Cento e setenta milhões de pessoas no mundo todo estão conectadas ao Spotify, sobretudo nas Américas, na Europa, Austrália, Nova Zelândia e em parte da Ásia. A geração do quarto ouve muita música e usa muito os celulares para ouvi-la. Com fones nos ouvidos e pelas plataformas de *streaming*, brotam letras, melodias, sons, tudo bem variado.

Não se quer só um tipo de tribo. As neotribos, como nos explica o sociólogo francês Michel Maffesoli, não se prendem, não se vinculam; sua intenção é ir de um canto a outro, livres e capazes de dialogar com o diverso, com o não igual, com o diferente.[7] É possível, no mesmo celular, na mesma lista de música, ter Pabllo Vittar e A Banda Mais Bonita da Cidade, referências diferentes; e é possível ter Anitta e Luan Santana, Daniela Mercury e MC Loma. *

A diversidade de opções é algo comum na vida de quem nasceu na era do on-line, espaço e tempo onde se pode, a depender de alguns condicionantes, ter acesso a músicas que são elaboradas, produzidas e executadas de modo quase instantâneo. Há vídeos de Anitta, por exemplo, para ficarmos em artistas brasileiros, que foram acessados cerca de 7,7 milhões de vezes em menos de 24 horas.

---

* A Banda Mais Bonita da Cidade: uma banda brasileira de MPB e indie rock formada em 2009 que ficou conhecida dentro e fora do país com o videoclipe da música "Oração", de Leo Fressato, lançado no YouTube em 2011. Banda composta por Uyara Torrente no vocal, Vinícius Nisi no teclado, Marano no baixo, Luís Bourscheidt na bateria e, atualmente, Thiago Ramalho na guitarra. Anitta: Larissa de Macedo Machado (Rio de Janeiro, 30 de março de 1993), mais conhecida pelo nome artístico Anitta, é uma cantora, compositora, atriz e apresentadora brasileira. Luan Santana: Luan Rafael Domingos Santana (13 de março de 1991) é um cantor e compositor brasileiro de música romântica, pop e sertaneja. Filho de Amarildo Domingos, um bancário, e de Marizete Santana. Daniela Mercury: Daniela Mercuri de Almeida Verçosa (Salvador, 28 de julho de 1965), mais conhecida como Daniela Mercury, é uma cantora, compositora, bailarina, instrumentista e produtora musical luso-brasileira. MC Loma: Paloma Roberta Silva Santos, mais conhecida como MC Loma (Jaboatão dos Guararapes, 29 de outubro de 2002), é uma cantora e compositora brasileira que alcançou sucesso nacional em 2018 com o hit "Envolvimento", num videoclipe em que atuou em parceria com suas primas gêmeas idênticas Mariely Santos e Mirella Santos, conhecidas como Gêmeas Lacração, suas dançarinas, que eventualmente compõem algumas letras e cantam em seus clipes e shows.

A GERAÇÃO DO QUARTO

Anitta lançou na segunda-feira (18/12/2017) o videoclipe "Vai malandra", último de seu projeto *CheckMate*. Em menos de 24 horas, a produção, gravada no Morro do Vidigal, no Rio de Janeiro, já mostra resultado por meio dos números mostrados nas plataformas digitais. No YouTube, o clipe é a melhor estreia brasileira da história. Em um dia, ele acumulou mais de 16 milhões de visualizações. O recorde anterior era de Luan Santana, que obteve 7,7 milhões de *views* no vídeo da música "Check-in" nas primeiras 24 horas.*

Se houve uma época em que esperávamos meses, anos e décadas para que uma música fosse elaborada, produzida e executada por artistas venerados, a geração do quarto experimenta uma nova realidade, na qual músicas são lançadas em série e apresentadas em redes digitais, por meio de vários suportes e alcançando, em poucos minutos, milhares, milhões de pessoas.

Quando escuto Ed Sheeran, eu piro, saca? Adoro "Shape of You". (P., 14a, Natal)

Adoro Dua Lipa, a música "New Rules". (N., 15a, Recife)

Curto muito Alok e Rihanna, e escuto também Jão. É tudo, meu velho! (P., 16a, Belo Horizonte)

A rapidez com que as músicas chegam à geração do quarto nos convida a pensar sobre como nossas crianças e jovens, quando não atendidas em suas expectativas imediatas, lidam com a paciência, com a demora, com a lentidão, com a espera. A geração do quarto curte música de modo intenso e denso; intenso porque é muita música e denso porque nem sempre a escuta é saudável.

---

* Disponível em: <https://www.diariodepernambuco.com.br/app/noticia/viver/2017/12/19/internas_viver,735178/vai-malandra-anitta-quebra-recorde-no-youtube-e-substitui-a-si-mesma.shtml>. Acesso em: nov. 2018.

8. O corpo e a mente

[...]
Meu corpo apaga a lembrança
que eu tinha de minha mente.
Inocula-me seu páthos,
me ataca, fere e condena
por crimes não cometidos.
[...]
Meu corpo inventou a dor
a fim de torná-la interna,
integrante do meu id,
ofuscadora da luz
que aí tentava espalhar-se.

Carlos Drummond de Andrade, "As contradições do corpo", 1984

O CORPO COMO UM ESPAÇO DE APRESENTAÇÃO DA DOR

Lamentavelmente, por motivos sociais, históricos, políticos, econômicos, houve uma opção, sobretudo no Ocidente medieval e moderno, na maioria das nossas sociedades, pela hegemonia da mente em detrimento do corpo.

O corpo não foi compreendido como uma parte integrante da mente nem a mente como uma parte integrante do corpo. Ao primeiro coube a função menor, e à segunda, a maior. Mas quais são essas funções? A menor é ligada ao lazer, à cultura, ao esporte, às atividades físicas, e a maior é ligada aos cálculos, ao raciocínio numérico, ao domínio no uso da linguagem.

A compreensão de que a inteligência humana tem na mente sua melhor representação é um dos pilares das chamadas sociedades industriais, para as quais o cognitivo é superior, por exemplo, ao sensorial. O sensorial é mais da ordem dos sentimentos e das emoções. O corpo, de certo modo, é como se fosse um consorte do sensível e, por essa razão, ele não ocupa espaço nem exerce grandes funções na ascensão racional. O corpo não importa tanto quanto a mente para quem opta por crer numa sociedade focalizada em cálculos.

Se pensarmos assim e analisarmos as juventudes, sobretudo as urbanas, vamos nos deparar com constantes enfrentamentos dessas juventudes aos limites que lhes são impostos, e o corpo sempre foi uma espécie de escudo às limitações, pois nele, de forma evidente, as juventudes mostram o que pensam e sentem. Os corpos "penduram" os acessórios, demonstram as cores, apresentam as maquiagens, registram os perfumes e traduzem as alegrias e as tristezas.

As juventudes, há muito, usam seus corpos como mecanismos de resistência.

> Minha mãe me disse que, quando ela era jovem, nos dias em que ela queria discordar do meu avô, mudava o modelo do cabelo, botava para trás e fazia um rabo de cavalo. Ela me disse que se sentia mais forte com aquele modelo de cabelo e não temia o jeito gros-

A GERAÇÃO DO QUARTO

seiro do meu avô. Eu também faço um pouco isso. E eu lembro que quando cortei meu cabelo com a tesoura da minha casa e cortei a mim mesma, queria dizer que queria mudar, queria sair daquela jaula que eles tinham me colocado por três anos. Só que eu acho que eles não perceberam. Eles que eu falo são os meus colegas; colegas não, os meus inimigos da escola. (L., 13a, Recife)

Foi muito difícil para mim, porque eu gosto de violão, mas eu roo as unhas e as unhas ficam quase em carne viva. Aí, é foda, porque não consigo tocar violão, porque, tipo, quem toca violão precisa ter unha grande. Eu sofro porque não tenho unha grande, mas não sei controlar a unha grande. Eu fico nervoso, minhas pernas tremem e meu coração dispara. Meu corpo, quem vê de fora, diz logo que vou perdendo a cor. É isso, fico muito pálido. É reação ao medo. Acho. Não sei. (M., 15a, Maceió)

É notório que os corpos dos meninos e das meninas materializam as suas dores e as suas inquietações. Muitos adolescentes e algumas crianças com os quais conversei ao longo de minha pesquisa me disseram que sentem que podem marcar seus corpos e que acreditam que essa é uma maneira solitária de não violentar ninguém. O corpo é o registro silencioso da violência pela qual passam e a qual experimentam.

Eu arranco os pelos da minha sobrancelha. Tiro um a um, dói um pouco, depois passa, então faço outra vez. Eu sei que não resolve o problema, mas, enquanto arranco, tenho a impressão de que o problema é resolvido. Meu pai me disse que isso é uma doença, eu acho que tenho essa doença. Na minha escola, acho que tem muita gente doente assim como eu. Só que, tipo, tá tudo bem. Tá bem mesmo. Só arranco o pelo da sobrancelha, dói um pouco, depois passa. (N., 14a, Recife)

Os corpos de meninos e meninas da geração do quarto transmitem mensagens que nem sempre nós, adultos, estamos conseguindo ler, ou porque não prestamos atenção, ou porque não nos é interessante. Mas as mensagens estão postas, ditas e apresentadas de forma explícita e implícita. Seria próprio afirmar que a geração do quarto apresenta no corpo a dor que lhe acomete a alma.

> Não vi logo, acho que passaram meses, mas ele já se mutilava e cobria os braços com uma camisa de frio. Eu nunca vi os cortes. Quero dizer, só comecei a ver os cortes porque uma vizinha me chamou a atenção e me disse que o filho dela tinha dito que o Erik estava arrancando o cabelo. Foi aí que eu olhei e percebi que meu filho tinha parte da cabeça sem cabelo e que, nos últimos meses, ele só saía daquele quarto com o boné do MC na cabeça. (S., 42a, São Paulo)

As dores emocionais não são simples de compreender nem fáceis de identificar. Quando nossos filhos estão com as emoções adoecidas, raramente eles chegam para nós e falam. O mais comum é que fiquem em silêncio verbal, mas que mostrem esse adoecimento através do corpo.

Certa vez, conheci um rapaz — vou chamá-lo de Diego — que tinha um sério problema de deformação no rosto, em razão de uma doença congênita. Com a ajuda de cirurgia odontológica, a deformidade facial foi corrigida e Diego passou a ter outro rosto. Todos que o viam, depois da cirurgia, diziam que ele estava muito bonito; que não se parecia com a pessoa que ele era antes; e que só tinham certeza de que se tratava da mesma pessoa em razão das tatuagens, que eram muitas e diversas sobre o seu corpo.

Conversando comigo sobre a sua vida depois da cirurgia, Diego me disse que as tatuagens espalhadas pelo seu corpo eram marcas da dor que ele sentia pela rejeição praticada por outras pessoas em virtude de sua deformidade facial. "Cada tatuagem que eu tenho, quarenta ao todo, significa uma vontade profunda que tive de me matar. Fiz a tatuagem para não morrer. Eu não dizia isso a ninguém, mas era assim que eu me sentia."

O corpo tatuado de Diego se encontra em consonância com o corpo hipertrofiado de outro adolescente com quem mantive interlocução de

A GERAÇÃO DO QUARTO

pesquisa. Ele começou a frequentar academia porque não "suportava" mais a rejeição que o grupo da escola lhe impunha, em razão de ser muito magro. Em seis meses, passou a ter alterações significativas nos músculos e percebeu que isso implicava acolhimento.

> Fui me aumentando, crescendo, fazendo academia, tomando aqueles bagulhos, tentando ficar cada vez mais forte. Por fora, eu mudei; por dentro, eu me afundei. É que eu sabia que não estava fazendo academia para ficar com *shape* novo, mas era para poder ser aceito. Tomei muita coisa e comecei a ter problema no coração. Hoje, me trato com cardiologista e meu corpo hipertrofiado não me garantiu alegria total.

Esse depoimento me foi concedido no dia em que ele abriu o jogo para os pais sobre o uso de anabolizantes e como tentou demonstrar por meio do crescimento dos músculos uma forte dor emocional. Um exemplo, entre tantos, de como o corpo, antes rechaçado pela sociedade, pode ser utilizado para sinalizar uma espécie de anomia social e uma crise emocional das crianças e dos adolescentes.

Não se deve mais fechar os olhos para as mensagens que nos são enviadas pelos corpos, ainda que esses corpos estejam trazendo para nós as mensagens de modo sutil e, por isso, na maioria dos casos, não visíveis de forma rápida, de maneira ostensiva. Os anúncios das dores emocionais são quase sempre homeopáticos e desviantes, não se dão de forma em relevo, mas sim com sutileza aparente e violentíssima na sua ação.

> Eu comia e comia, até que eu sentia vontade de colocar tudo para fora. Então, eu fazia isso, mas ninguém se tocava. Só as minhas amigas. Mas elas também faziam, quer dizer, algumas. Eu sei que pode parecer loucura e acho que é um pouco, mas ninguém na minha casa percebeu que eu estava afundando. Até o dia em que eu caí no banheiro, e a moça que trabalha fazendo a faxina me viu e ligou para o meu pai, e ele disse que estava numa reunião, que ela me acudisse, depois, ligasse para a minha tia, e então eles me levaram a um médico. Meu pai não se deu conta de que eu não queria

> mais ganhar peso, gordura, ficar a menos filé, e eu comia e botava
> tudo para fora, e comia mais e botava mais, não controlei mais, não
> consigo ainda controlar direito. (C., 15a, Recife)

Os transtornos alimentares como, por exemplo, a bulimia, são um desafio para a geração do quarto. Entre os 3.115 interlocutores de minha pesquisa, um percentual de 15% passou por esse transtorno e está em processo de recuperação. A matriz da bulimia assim como da anorexia foi, nos casos pesquisados, a tentativa de ter um corpo nos padrões estabelecidos pela sociedade contemporânea e a insegurança de ser rejeitado caso não tivesse esse corpo.

A rejeição é uma fonte de dor e de sofrimento. Crianças rejeitadas porque não estão no padrão estético que lhe é apresentado e imposto tendem a não gostar de si próprias e a serem vítimas fáceis de pessoas opressivas e violentas. A rejeição ao corpo não padronizado, ao corpo gordo, por exemplo, tem gerado muitos problemas emocionais em quem não é magro e talvez em quem não queira ser magro, mas se sente rejeitado por ser gordo.

> Tudo começou porque eu não queria que soubessem que eu queria
> ficar gorda mesmo. Daí, eu passei a não querer comer na frente de
> todo mundo. E, como eu tinha de sair de casa, tipo ir pra escola, ir à
> loja do meu pai, ir fazer trabalho na casa de alguma amiga, amigo,
> fiquei sem comer, sem comer mesmo. E fui secando de um jeito
> que parecia uma folha seca. Meu cabelo foi caindo e eu precisei
> ficar no hospital, passei dias, tomei soro na veia, mas na minha ca-
> beça só vinham as imagens das minhas amigas, dos meus amigos,
> ali, me dizendo que eu era gorda, baleia e por aí... A doença que eu
> tenho, anorexia, quase me mata. Sou muito ansiosa e não vivo feliz.
> (E., 14a, Belo Horizonte)

Os corpos anoréxicos e bulímicos são corpos que tentam seguir uma lógica muito perversa, mas real: a de que só vão gostar de mim se eu não for o que eu sou. Segundo Tatiane Ramos e Luiz Jorge Pedrão, os transtornos alimentares (TAs) são considerados psicopatologias graves e podem levar à morte.[1] A bulimia nervosa, por exemplo, conduz a óbito cerca de 5% das

A GERAÇÃO DO QUARTO

pessoas que são por ela acometidas, quando não diagnosticadas e/ou não tratadas adequadamente.

Os corpos que não se submetem aos padrões, ainda que sofram e vivam histórias de dor e constrangimento, materializam, ao nosso ver, uma espécie de resistência aos ditames que lhes são impostos. No entanto, essa resistência custa caro aos meninos e às meninas que não se adaptam e que desejam experimentar outras formas de ser e de estar no mundo com o corpo e com as mentes, com os modos e comportamentos.

> Sonhei, teve uma vez, que eu era diferente de tudo que eu era mesmo. Eu tinha as coxas grossas e a cintura grossa e uma voz bem forte, assim como se fosse uma voz mais grave, tipo um cantor de voz alta. Meu tio tem voz assim. Eu não sabia ler, nesse sonho, mas chegava na escola, não lembro bem como eu chegava na escola, então, vinham vindo umas colegas, uns colegas, uns professores e umas professoras, tudo, tudo mesmo para me ensinar a ler, mas ninguém, ninguém dali, sequer me olhava, rindo, zombando ou me criticando, só queriam me ensinar a ler. (F., 16a, Natal)

Foi em maio de 2017, época em que estava coletando/construindo os dados para este livro, que conheci Raul, nome fictício para um dos 238 crianças/adolescentes com os quais conversei sobre adoecimento e saúde emocional. Raul na ocasião tinha 12 anos e, pondo toda a sua família em xeque, me disse, quando perguntei sobre a sua vida em casa e na escola e a relação com a sua família e com a escola:

> Meu avô e a minha avó, os pais do meu pai, vão querer me matar, mas eu estou sofrendo demais. É tanta dor dentro de mim. Não quero mais viver assim. Veja, eu sou errado. Não sou do bem. Eu sei. Meu pai também me mata. Eu quero ser menina. Eu sou dentro da minha cabeça uma menina. Já me levaram no médico. Já ouviram do médico. Eu li na internet, eu não sou o sexo que eu nasci. Eu sou uma menina. E eu vou terminar morrendo de tanto dizer isso. Eles não aceitam. Entende? Mas vou te mostrar. Olha aqui, veja as fotos. Olha como fico.

Nas fotos que vi, havia uma menina. Sim, era uma menina, e essa menina era Raul. Então, com as fotos nas mãos, perguntei como era o nome daquela menina e Raul me disse que ela se chamava Amanda, e que Amanda era ele, e que ser Amanda o fazia muito feliz. O corpo de Raul prende o corpo de Amanda, foi o que eu disse aos responsáveis por Amanda. Sim, era isso mesmo, estava diante de um caso de uma criança transgênero.*

Uma criança transgênero não se identifica com o corpo biológico, uma vez que a sua mente se identifica com um gênero que não está referendado pelo biológico. Raul se identifica com o gênero feminino e não com o gênero masculino, e a sua situação familiar o deprime profundamente, uma vez que Raul se sente Amanda e é, de fato, Amanda. Quando conhecemos Amanda, ela estava em processo de acompanhamento psiquiátrico. Havia tentado suicídio.

As crianças e os adolescentes transgêneros precisam ser acolhidos em suas famílias, nas escolas, nas instituições sociais de modo geral. Quando Amanda tentou suicídio, ela o fez também porque se sentia rejeitada na família. Seus pais, religiosos, e seus avós, religiosos, viam a sua condição humana como um equívoco, um problema, uma doença. No entanto, essa família estava errada. Amanda não precisa de "tratamento médico" porque é uma criança transgênero, mas porque tentou suicídio em razão de inúmeros problemas que experimentou dentro de casa, em sua família.

NEM TUDO É SÓ CORPO

A geração do quarto presta muita atenção às transcendências. Foi comum ouvir dos nossos interlocutores que a vida não se extingue com o corpo.

---

* "A identidade de gênero é uma coisa do cérebro, é a sensação de ser homem ou mulher em sua cabeça; é independente das partes do seu corpo, é independente de por quem você sente atração", explica o doutor John Steever, especialista em Medicina do Adolescente e professor assistente de Pediatria na Escola de Medicina Icahn do Instituto Mount Sinai, Estados Unidos. Mais informações em: <https://vivabem.uol.com.br/noticias/reda-cao/2018/10/17/os-desafios-em-cuidar-de-criancas-transgenero.htm?cmpid=copiaecola>.

A GERAÇÃO DO QUARTO

"Eu sinto que há mais vida fora dessa vida na Terra", nos dizia uma jovem que havia sete meses estava sendo acompanhada por psicoterapeuta e também seguia fazendo terapia integrativa. "Me sinto superbem quando venho para essa oca e aqui recebo o reiki."

As terapias integrativas são reconhecidas por muitos órgãos oficiais no mundo e pela OMS, e também pelo Ministério da Saúde, no Brasil, como terapias complementares às psicoterapias. "Eu percebi que a minha filha se deu muito bem com a ioga e acho que vou começar também a fazer." As terapias integrativas não substituem as psicoterapias, mas podem ser utilizadas, nos processos de adoecimento emocional e mental, como atividades correlatas.

> Eu tinha muita dificuldade de dormir e, mesmo com a medicação, passada pelo médico, e mesmo com as sessões de terapia, com o psicólogo, eu não dormia. Acordava bem mal para seguir para a escola. Aí, minha amiga Carol começou a fazer ioga, porque o tio dela é mestre nisso, e eu comecei a ir com ela e comecei a fazer duas vezes na semana. Comecei a sentir que o meu corpo não era aquele peso, aquele chumbo, era leve. Tenho dormido melhor. Também me desliguei mais do celular. Acho que me ajudou pra caramba. (A., 15a, Recife)

Exposta a um nível de informação visual muito intenso e denso, a geração do quarto tem certamente uma das mentes mais bombardeadas de imagens digitais dos últimos séculos. A quantidade de ícones, gráficos, desenhos, memes, emoticons, vídeos que tem sido ofertada a crianças e adolescentes é enorme. "Minha cabeça ficava cheia de imagens antes de eu dormir; aí, para dormir, eu só conseguia já perto de ir para a aula."

As mentes inquietas, como diz um estudioso do budismo tibetano, são produzidas numa sociedade também inquieta. É importante observar que as casas também são inquietas. De modo geral, o silêncio é uma condição rara nas famílias, que estão tomadas por sons. A perturbação sonora ou a poluição sonora é um dos grandes problemas presentes dentro das casas.

Na minha casa, é muito barulho. E quando não é muito barulho, é todo mundo no seu celular. Porque não desliga a televisão, também não desliga o computador e quando o barulho acabou, na verdade, não acabou, é que colocaram o fone de ouvido. Minha cabeça fica a mil. A mil mesmo. Eu não consigo me concentrar em nada. Aí, meu tio quer que eu leia o livro que ele escreveu, porque meu tio é escritor, mas, aí, eu sei que não vou ler lá na minha casa, tem de ser na escola. Lá, a zoada é menor. (C., 17a, Belo Horizonte)

As crianças precisam de casas com diálogo, mas não gostam de lugares barulhentos, em que adultos falam muito alto e gritam uns com os outros. As crianças necessitam de espaços familiares em que as imagens oferecidas a elas sejam dosadas e evitadas em momentos próximos ao sono, o que nos leva a crer que muitos sons e muitas imagens dentro dos quartos, à noite, tendem a atrapalhar o descanso necessário à mente.

A mente dos adolescentes também necessita de descanso e de calma. A ansiedade é uma espécie de "contracalma", uma sensação de viver o amanhã antes que ele chegue e, por isso, antevê-lo, na maioria dos casos, de modo bem-sucedido e/ou malsucedido, numa polarização comum na época da adolescência, mas adoecedora e provocadora de medo. A mente ansiosa é uma mente sem sono e sempre à espera de algum acontecimento — bom ou ruim, simples ou complexo, mas à espera, na expectativa — e, também por isso, mais fácil de ser convencida de que o presente, o agora, ainda que de modo atabalhoado, é a única certeza de prazer e de gozo, e que o depois, o amanhã, pode ser repleto de acontecimentos desagradáveis.

A geração do quarto experimenta uma espécie de sensação de fracasso constante em relação a um tempo futuro:

Por mim, eu sei que não vou conseguir chegar a um curso que quero, mas é difícil, tem de estudar bastante e eu não gosto de ler, de fazer atividades, também não acho que consiga. De boa. (Z., 13a, Maceió)

O passado, o presente e o futuro andam de mãos dadas para esse grupo de pessoas, mas o presente é o tempo onde tudo pode acontecer.

A GERAÇÃO DO QUARTO

A mente da geração do quarto não se sente confortável com a dimensão temporal na qual está inserida e busca, às vezes, freneticamente, outro tempo, o tempo que ainda não veio, que ainda não chegou e que talvez não tenha como chegar — o tempo do "amanhã", aquele ao qual essa geração terá muita dificuldade de chegar e é arriscado, rodeado de possíveis frustrações e inúmeras fragilidades.

> Eu quero brincar. Não gosto de não brincar. Eu fico sozinha e ninguém aqui tem paciência comigo. Não, não fico cansada. Eu acho chato não fazer nada. E é melhor morrer, então. Não quero viver. Basta de ficar sem correr, sem correr. Vamos brincar de correr? (C. 11a, Natal)

A fala anterior é de uma criança diagnosticada com TDAH e longe das atividades psicopedagógicas. Os testes neurológicos apontaram hiperatividade num grau grave. É comum que essa criança morda todos os objetos que lhe caem às vistas, comendo papel, chorando sempre que não consegue conter sua ansiedade e incompreendida por quem a rodeia, pois a tratam, mesmo com o diagnóstico médico, como uma criança mal-educada.

> Ela não para. Dia, tarde e noite, é assim. A escola onde ela estuda já nos avisou que precisa de acompanhamento, mas não temos condições, é caro, é muito dinheiro. Ela vai ter que ir aprendendo com a gente mesmo, sozinha. Não sei se o SUS atende, eu acho que atende, mas como posso levar? E quem vai trabalhar para comprar os biscoitos e os iogurtes dela? Ela já nasceu com pilha 24 horas. E tem momento em que eu penso que ela só vai melhorar quando se tornar uma adulta. (A., 38a, Rio de Janeiro)

As crianças da geração do quarto são hiperativas? O diagnóstico de TDAH é mais comum do que se pensa nos dias contemporâneos? O que se faz quando a família, mesmo sendo alertada sobre a condição mental da criança, não consegue, por motivos diversos, conduzir a educação sob as orientações necessárias, para que a criança possa ter um desenvolvimento socioemocional saudável, considerando as suas idiossincrasias?

9. As relações humanas

[...]
Eu quero me curar de mim
Quero me curar de mim
Quero me curar de mim
[...]
E dói, dói, dói me expor assim
Dói, dói, dói despir-se assim

Mas se eu não tiver coragem
Pra enfrentar os meus defeitos
De que forma, de que jeito
Eu vou me curar de mim?
[...]
Se é que essa cura há de existir
Não sei, só sei que a busco em mim
Só sei que a busco

Flaira Ferro, "Me curar de mim", 2017

AS QUESTÕES ESTÃO SOBRE A MESA?

Posso dizer que a geração do quarto, embora esteja visivelmente fragilizada, não é frágil por genética ou por escolha, mas por condição intersubjetiva. O que isso quer dizer? Quer dizer que a fragilidade socioemocional e mental dessas meninas e desses meninos não é à toa nem ao acaso, mas propositiva sem ser obviamente proposital, resultado das relações que são mantidas entre eles e seus grupos de convivência.

Em 2016, dezessete anos após o massacre de Columbine, Susan Klebold, mãe de Dylan Klebold, no seu livro *A Mother's Reckoning: Living in the Aftermath of Tragedy* (Balanço de uma mãe: vivendo as sequelas de uma tragédia, em tradução livre), diz que seu filho, um jovem de 18 anos que matou doze estudantes, um professor e feriu inúmeras pessoas, suicidando-se em seguida, foi uma criança entusiasmada e afetuosa, criada de modo carinhoso e cuidadoso, mas um adolescente difícil e cheio de ideias ignoradas pelos pais.

Muitos no mundo todo culpam Susan e seu ex-marido, Tom, com quem foi casada por mais de quarenta anos, de negligência, por não terem percebido o arsenal de armas de fogo montado pelo seu filho e pelo amigo dele, Eric Harris, no porão da casa da família. O dia 20 de abril de 1999 é um dia inesquecível para Susan e para Tom, assim como é para todos que se preocupam com a saúde socioemocional e mental de nossas crianças e nossos adolescentes. "Éramos pais carinhosos, atentos e comprometidos, e Dylan era uma criança entusiasmada e afetuosa. O dia a dia de nossas vidas antes de Columbine talvez seja o mais difícil de entender de minha história. Para mim, é também o mais importante."[1]

A tragédia de Columbine levou Susan a pensar muito sobre a saúde mental de seu filho, de como ele foi adoecendo diante de seus olhos, mas ela não percebeu, não se deu conta, não foi capaz de compreender o que estava acontecendo com Dylan, e o que o Dylan de dentro de casa era capaz de fazer e dizer. Susan Klebold não é muito diferente de vários pais e mães com os quais conversamos ao longo de nossos estudos sobre sofrimento de crianças e adolescentes.

A GERAÇÃO DO QUARTO

Meu filho pareceu, para mim, sempre um menino normal. Às vezes, confesso, ele se mordia, e eu e meu marido sempre achamos que era birra, teimosia, colocávamos de castigo. No dia em que ligaram para mim, eu estava no consultório, vi a chamada "escola de Lucas", senti que algo tinha dado errado. Não lembro bem o que disseram, mas recordo que a coordenadora da escola me dizia algo, e desse algo eu lembro a frase: "Seu filho esfaqueou um colega de turma, a senhora precisa vir correndo para a escola." Não sobrou sangue no meu corpo. Cancelei todas as consultas e fui correndo à escola. Quando vi meu filho naquele estado, apaguei e comecei a apagar muitas vezes depois. (V., 45a, Belo Horizonte)

O adoecimento de nossas crianças e de nossos adolescentes se dá sob nossas vistas, mas, por motivos diferentes, não percebemos o potencial de violência que pode insurgir de nossos filhos e tendemos a negligenciar aquilo que ignoramos ou aquilo que não sabemos como resolver. A geração do quarto emerge numa época em que as relações humanas, dentro das casas, estão experimentando muitas alterações e apresentando muitos desafios.

As questões que levaram Dylan e Eric a cometer os assassinatos são complexas, multifacetadas, repletas de fios numa teia transdisciplinar. Não há só uma razão, nem nos parece saudável, nesse emaranhado adoecido, procurar culpados, porém é necessário que pais e mães notem como seus filhos se relacionam com eles, com os amigos, com os professores, com os animais, com as plantas.

É importante perceber como crianças e adolescentes brincam entre si, jogam entre si, pensam e conversam, se divertem e propõem diversões. Não há saúde onde há violência, onde há hostilidade, onde há rejeição e onde há preconceito. Não existe bem-estar, bem-viver, em locais frios e pouco humanos, voltados para altos níveis de competitividade e pouca colaboração. É imprescindível perceber se os filhos estão bem, dormem bem, comem bem, conversam e demonstram empatia, compaixão e respeito pelos outros.

Há anos visitando escolas, fui apresentado a um tipo de violência entre as crianças e os adolescentes que chamaram de "brincadeira do desmaio".

A brincadeira consistia em pressionar o tórax até que a asfixia momentânea — ou não — viesse e o desmaio se configurasse. Perguntados onde tinham aprendido o jogo, eles me disseram que viram na internet, em vídeos no YouTube. O *choking game* ou o jogo da asfixia pode levar à morte, mas a geração do quarto corre esse risco de maneira aparentemente consciente:

> Eu não me importo muito com essa *vibe* de morrer, tá ligado? É mais importante, nesse jogo, sentir o que é desmaiar, e não tem preço. De boa, eu já pedi que fizessem comigo e eu também já fiz com quem pediu. É um jogo, né? Então, mano, quem segura, aguenta, quem não, diz não. (L., 13a, Recife)

> Eu não queria essa merda desse jogo. Eu não queria mesmo. Mas aí esse grupo me disse que se eu não aguento brincar então eu me prepare para ser escorraçado da galera. E eu acho que ser escorraçado é pior do que ser asfixiado. Aí, pronto. Eu aceitei. Mas não aguentei. E desmaiei, e quase eu morro. Eles ainda riram. Riram que eu ouvi. (B., 14a, Rio de Janeiro)

Um grupo de meninos e meninas que estavam numa escola, envolvido com o bullying escolar, quase matou um colega de sala. As duas falas anteriores tratam sobre isso. Fui à escola na tentativa de ajudar no trabalho com a diminuição do clima de violência. Durante o tempo que passei lá, cerca de quatro semanas, observei e senti o nível de violência nas relações entre as crianças e entre os adolescentes.

Acompanhei o caso de uma garotinha de 10 anos que vinha tendo constantes problemas de irritação na pele — segundo o pediatra que a acompanhava, de fundo emocional. Quando conversamos, ela me relatou que não aguentava mais ser xingada, ser apelidada, ser perseguida. Perguntei se ela havia relatado isso em casa, conversado com a mãe, com o pai, mas ela me olhou firmemente nos olhos e soltou: "Não consigo falar, mas eu me encho de irritação na pele."

Como não conseguia dizer em casa o que se passava com ela na escola, adoecia. Era uma forma de avisar que as coisas não estavam indo bem.

A GERAÇÃO DO QUARTO 109

Conversei com as meninas que a antagonizavam e tentei ouvir delas o porquê da perseguição. Obviamente a grande maioria negou e começou a tentar justificar a perseguição, imputando à vítima a responsabilidade pela violência que sofria. É um comportamento comum entre violentadores envolvidos com o bullying e com o ciberbullying.

A questão central que mais me chamou a atenção, além, é evidente, do sofrimento da menina, foram as diversas vezes em que as crianças que conversavam conosco se estapearam. Eram tapas fortes umas nas outras, empurrões, puxões de cabelo, gritos, risos, violência nas relações, como se fossem um código de conduta, um *modus vivendi*. Um jeito de se comunicar bastante hostil e intimidador. Sem dúvida, um problema sério para a escola e a família de crianças e adolescentes.

> Se falo para que elas parem, me bloqueiam no grupo do WhatsApp e me xingam de vadia. Inventam que eu não uso roupa por baixo, tipo calcinha, e que faço sexo com um menino e falam que eu sou mesmo vadia. Uma vez me feriram a perna e eu fingi para meu pai que não era nada, mas aí meu pai percebeu que eu estava machucada e brigou comigo, porque ele pensava que eu tinha subido na goiabeira que fica na rua onde moro e tinha caído. Como não ia adiantar mesmo dizer a verdade, porque elas me bloqueariam e me pegariam, achei melhor deixar meu pai achando que era aquilo, e nessa noite fiquei toda empolada, me coçando e com vontade de morrer. (A.B., 15a, Recife)

Os sinais não são poucos nem raros; são comuns e estão bem ali, mas não costumamos vê-los. Por que será que não vemos os nossos filhos? Por que será que não ouvimos as nossas crianças, os nossos adolescentes, os nossos estudantes? O que há conosco? Por que, no lugar de perguntarmos a eles o que se passa, queremos que confirmem o que queremos crer que acontece? Não fica, pois, evidente que tudo está sobre a mesa?

Será que o problema é que não estamos mais nos sentando ao redor da mesa, nas refeições, ali, juntos, ouvindo uns aos outros, conversando, nos informando sobre o que se passa, na hora em que se partilha o pão, se partilha o café, na hora em que se pode saber como foi o dia, o que aconteceu? Será que é preciso mesmo uma mesa? A conversa não poderia ser numa caminhada, na hora em que se vai fazer a tarefa, no momento em que se vai dormir?

Parece-nos óbvio que a menina alérgica sofre na escola e ninguém a vê sofrendo nem se dá conta, como Susan e Tom Klebold também não se deram conta de que seu filho estava nutrindo um ódio profundo, e que esse ódio provocaria um massacre de proporções inimagináveis para muitas famílias e pessoas de todo o mundo. Não devemos mais negligenciar nem fazer de conta que tudo está bem, porque infelizmente não está e pode ficar mais grave. E não podemos nos esquecer de que, além dos pais, há profissionais de saúde que muito podem colaborar para trazer equilíbrio à vida de crianças e adolescentes. Não é vergonha buscar a ajuda de um profissional, como um psicoterapeuta, um psicólogo ou um psiquiatra. Pelo contrário, é sinal de inteligência, de cuidado e de amor.

É MELHOR NÃO QUERER SABER AQUILO QUE INCOMODA?

A geração do quarto tem nuanças não comuns às outras gerações, visto que ela é, no meu entendimento, um grupo de pessoas que se encontra em estado emocional e mental fragilizado, adoecido e que traz em seu corpo o registro de sua dor e de seu sofrimento. Muitas vezes, em razão de ser penoso lidar com essa questão, os pais, os professores e os demais adultos não querem enfrentar a situação.

É mais cômodo não se importar ou ser indiferente ou tentar minimizar as questões que põem em causa não somente a saúde emocional e/ou mental das crianças e dos adolescentes, mas a convivência dentro de casa, na escola, no condomínio, na igreja, nos diversos ambientes. É mais simples fingir que tudo vai bem para não ter que se olhar, olhar no espelho e se perguntar: o que eu tenho de fazer?

A GERAÇÃO DO QUARTO

> Quando eu nasci, minha mãe disse ao meu pai que não me queria e que ele cuidasse de mim. O meu pai disse que não tinha como me cuidar, então, eu nasci, mas nem meu pai nem minha mãe me queriam cuidar, então, como dizia minha avó, sobrou para ela e para o meu avô. Mas a minha avó, mãe do meu pai, gosta muito de mim; às vezes, a gente briga, mas ela se preocupa comigo. O meu pai nunca me rejeitou abertamente como a minha mãe, mas os dois quiseram ficar comigo sem comigo nunca ficar. A minha história é bem difícil de escrever, choro sempre e, por isso, aqui, meu diário, vou logo avisar, no dia em que eu fizer 17 anos, eles não precisarão mais me ter com eles. É isso!!! (M.C., 14a, Recife)

Encontrei esse relato no diário de uma adolescente que se suicidou. Quem me mostrou o diário foi sua avó paterna. Era uma quinta-feira quando fiquei sabendo dos detalhes da biografia de M.C. O relato sinaliza um caso de rejeição, de negligência e de abandono parental.

Infelizmente, tenho encontrado cada vez mais pessoas que não querem cuidar dos filhos e, por isso, não conseguem lidar com os desafios da paternidade e da maternidade, conferindo à criança e ao adolescente a ideia de peso, de "incômodo".

> Não sei por que minha mãe e meu pai tiveram filhos. São dois loucos, não sabem cuidar da gente e brigam feio. Não tenho nem coragem de falar. Tenho que cuidar do meu irmãozinho. (P., 13a, Natal)

Quem disse isso foi um garoto de 13 anos, diagnosticado com síndrome do pânico, que mora com uma tia, irmã do pai, porque não conseguiu ficar com o pai e com a mãe. Os pais aceitaram essa decisão dele.

> Eles não estavam mesmo conseguindo me aguentar, porque eu entrava em pânico, desmaiava, e minha mãe e meu pai ficavam chorando, sem saber o que fazer, então ligavam para a minha tia, ela é médica. (P., 13a, Natal)

Tenho dito, e algumas pessoas concordam, que nem todas as pessoas nasceram para ter filhos. Educar um humano exige do outro humano uma disposição integral, viver através dele mesmo a vida de outra pessoa, sem, todavia, acreditar que aquela pessoa da qual cuidamos é nosso objeto, nos pertence, nos deve, para a vida toda, gratidão desmedida. Educar outro humano implica também se educar constantemente.

> É uma coisa para loucos ter filhos. Eu não sei criar. Minha vida é muito corrida e não sei educar. Para não ficarem no meu pé, eu dou o que pedem, e, mesmo que eu saiba que não é assim, prefiro. O problema é que gosto de sair com eles, passear, mas só no carro, eles fora do carro, Deus do céu, são terríveis. Minha namorada gosta de criança, ainda bem!!! Aí, quando eles estão comigo, ela me ajuda. Salvo pelo gongo. Mas amo meus filhotes. (A., 37a, Belo Horizonte)

> Quando eu quis ter um filho, meu casamento andava mal das pernas, mas, mesmo assim, eu insisti e achei que, com a chegada de uma criança, a situação melhoraria. Triste engano. Piorou. Não sabíamos cuidar de Heitor e até acho que não queríamos. Por muito tempo, meu filho sofreu, tanto de mim quanto da mãe, uma rejeição. Hoje, depois que ele se foi, depois que ele se afundou nas drogas e cometeu suicídio, eu sinto que a gente não soube ter filho. Não é todo mundo que sabe ter filho. (V., 45a, Recife)

Pais despreparados, sem condições de cuidar do outro, muito provavelmente também não sabem cuidar de si mesmos. Vi muitos pais e muitas mães envoltos com os mais diversos problemas pessoais, profissionais, familiares, afetivos, usando suas dores como escudo contra suas crianças e seus adolescentes. É muito triste quando percebemos que os filhos são negligenciados pelos próprios pais e pelas próprias mães.

Há adultos que não querem abrir mão de seus apegos, seus interesses, suas convicções em nome de crianças pequenas, indefesas e abertas ao amor paternal e maternal. Querem, pelo contrário, que as crianças cedam, de modo não propositivo, aos adultos, demonstrando, para crianças e adolescentes, que são pais e mães birrentos e fechados a ouvi-los.

A GERAÇÃO DO QUARTO

Não adianta falar, meu pai não escuta uma palavra que sai da minha boca. Ele só acredita na palavra da mulher dele. É difícil morar naquela casa, viver com aqueles dois. Ela não é minha mãe. Minha mãe morreu. Meu pai se casou, mas mentiu para a mulher. Meu pai mente tanto. Eu acho que nem o nome dele é verdadeiro. Sabe de uma coisa? Tenho pena do meu irmão pequeno. Ele e eu vivemos com dois malucos dentro de casa, e eu sempre quero falar com a alma da minha mãe. Qualquer dia, morro. Acaba tudo. (H., 13a, Recife)

É muito ruim para as crianças e para os adolescentes quando seus pais se separam e se casam outra vez, obrigando os filhos a conviverem com pessoas que não são nem seus pais nem suas mães e que, em muitos casos, não sabem acolher os filhos de seus novos companheiros. É comum que as crianças e os adolescentes se sintam intrusos.

A mulher do meu pai não me quer na casa deles e o meu pai também não me quer. Então eu queria ficar com a minha mãe, mas a minha mãe também não me quer, nem quer o meu irmão. Ela me bate muito. Me feriu na mão. Quem fica comigo e com meu irmão é a minha avó, mãe do meu pai, mas ela não perde a chance de dizer que a gente é um peso que ela não queria levar. É foda viver assim. Eu só esqueço quando bebo vodca. (B., 13a, Rio de Janeiro)

Filho não é objeto nem joguete, não é obstáculo nem trampolim. Filho é alguém que precisa, sobretudo durante a infância e a adolescência, de adultos que o orientem a viver a vida de modo seguro e confiável, tranquilo e prudente, desafiador e reflexivo e de forma esperançosa e alegre, sincera e genuína. Filhos são chances. Ou entendemos isso, ou devemos, de fato, não ter filhos.

FILHOS SÃO CHANCES

Se nem todos devem ter filhos, difícil saber se, quando temos, não são exatamente os filhos que nos alertam sobre o percurso equivocado que havíamos feito em nossas vidas até eles chegarem. Nada é mais igual ao que um dia foi depois da chegada deles. Não é bom, a meu ver, atribuir cargas pesadas ou densas à vida de crianças e adolescentes ou mesmo justificar qualquer decisão exclusivamente porque os filhos exigem que tomemos.

No entanto, as crianças podem nos indicar caminhos importantes para que nós, adultos, vejamos o que podemos fazer por nós mesmos e pelos humanos pequenos que estão sob a nossa guarda. As crianças, de modo geral, apontam horizontes — sempre foi assim —, mas, infelizmente, os adultos, na maioria, tendem a negar às infâncias um lugar decisivo na vida. Janusz Korczak afirmava que era preciso subir muito alto para chegar às crianças e, por indefesas que são, termos cuidado para não machucá-las ao tocá-las.[2]

> Queria dizer pro meu pai que eu tenho medo de que ele bata na minha mãe, porque quando meu pai bebe fica muito nervoso, grita e pisa no chão com força. Vai me dando tanto medo e tanta tristeza. Noutra vez, eu levei uma garrafa e escondi embaixo da minha cama, era pra ver se meu pai deixava a bebida e minha mãe também ficava mais calma. Mas, aí, eu não consegui esconder, porque, na minha casa, todo mundo vê tudo. E quase meu pai me dá uma surra, porque pensou que eu queria beber aquela bebida que queima. De vez em quando, eu tomo um copo e durmo. (A., 11a, Recife)

A chance que esse pai tem, diante do sofrimento de seu filho, de rever seus procedimentos em relação ao uso abusivo do álcool é enorme e única. Mas em razão de seu modo de perceber a vida, talvez não consiga se dar conta de que a criança lhe aponta um caminho, lhe indica uma estrada, lhe traz uma possibilidade diante da situação difícil na qual a família se encontra.

10. A geração do quarto nos ensina a amar

Pra você guardei o amor
Que sempre quis mostrar
O amor que vive em mim vem visitar
Sorrir, vem colorir solar
Vem esquentar
E permitir
[...]
Quem acolher o que ele tem e traz
Quem entender o que ele diz
No giz do gesto o jeito
Pronto do piscar dos cílios
Que o convite do silêncio
Exibe em cada olhar

Nando Reis, "Pra você guardei o amor", 2015

O AMOR QUE VEM DO SILÊNCIO

Não é fácil para um menino de 11 anos, que sofre bullying escolar, chegar em casa, depois de um dia de perseguição, dizer para os seus pais — pai e mãe; pai e pai; ou para as suas mães — que é violentado com xingamentos diariamente por seus pares e que ninguém faz nada. É muito complicado, ora porque ele tem vergonha, ora porque tem medo, ora porque não tem certeza se irão acreditar nele, se irão acolhê-lo, se irão aconchegá-lo.

> Meu medo de dizer que eles me chamavam por bicha, por mulherzinha, por frango era também que eu tinha vergonha, que eu não sabia se eles sabiam que aquilo tudo era comigo e eu não me sentia bem, dava mesmo um mal-estar no coração, minhas pernas ficavam tremendo. Eu só queria um pouco de folga. Eu me sentia um lixo. (H., 11a, Recife)

> Quando ela saiu para a escola, fui olhar tudo no quarto, cada parte, as gavetas, o guarda-roupa, embaixo do tapete, nos livros, olhei tudo, não encontrei nada, nenhum sinal. Mas eu sei que ela estava sofrendo bullying e que ela tinha dito para a Cecília, a sua amiga, que ela não aguentava mais ser difamada e que daria um jeito naquela menina, a Duda, fazendo a menina pagar por tudo. (O., 56a, Maceió)

O medo é um grande obstáculo ao amor anunciado. A geração do quarto, existente numa época em que os fenômenos do bullying e do ciberbullying se tornaram frequentes em muitas escolas no mundo todo, não fala que sofre, não costuma pôr em palavras aquilo que lhe ocorre por dentro. Sua insegurança emocional beira a fragilidade de um fio de açúcar, de uma teia de aranha. É leve. É simples de desfazer.

O amor que vem do silêncio é, a meu ver, a grande mensagem de quem não fala sobre o bullying, quando é vítima ou quando, de alguma maneira, se envolve com esse tipo de violência. Digo que o silêncio é sinal de amor

A GERAÇÃO DO QUARTO

não anunciado porque quem silencia, ao contrário do que muitos pensam, não está se acovardando ou mesmo concordando com o que lhes acontece, mas está, de maneira certa ou errada, se protegendo.

É que esse silêncio, ainda que muito danoso, ainda que muito perigoso, foi o jeito mais eficaz que a criança e/ou o adolescente encontrou de se proteger, de se guardar das tantas e tão diversas formas de violência que há no mundo. O silêncio não é um mal em si mesmo; o mal é quando o silêncio das palavras não é ouvido por quem diz amar a criança, o adolescente, o jovem e quer, a todo custo, que se fale o que não se consegue.

> Por que meu pai não viu que eu andava como um macaco, como alguém que tinha um absorvente entre as pernas? Por que, no lugar de reclamar comigo, brigar comigo, meu pai não me perguntou o que estava acontecendo? E minha mãe, sempre que me via, a única coisa que dizia era: menino, mude esse modo de andar, esse jeito de falar, essa forma de se vestir. Você está maluco? Ninguém viu. Nem meus irmãos. Nem as minhas irmãs. Nem meu avô. Nem a minha avó. Nem a minha tia. Mas eu olhei no espelho, naquela terça-feira, meu olho tão amarelo, talvez fosse o câncer de pâncreas a apressar os passos, adiantar a coisa. Fiquei bem calado. Quem sabe aquilo passava? (L., 16a, Recife)*

As crianças e os adolescentes que experimentam o bullying e o ciberbullying sofrem e se traumatizam, adoecem psiquicamente, às vezes, até cinco anos depois da violência sofrida. As marcas estão em suas mentes e seus corpos. O amor não anunciado, portanto, que as crianças e os adolescentes usam para com eles mesmos, é sábio, porque, embora contraditório, é um jeito que encontram de sobreviver ao furacão que os atravessa.

Se queremos que nossos filhos e nossas filhas digam o que lhes acontece na escola quando lá são vítimas ou presenciam violência e experimentam climas hostis, então tentemos entender o que é silenciar para não morrer, o

---

* Não era câncer de pâncreas. O que ele tinha? Consequências do sofrimento causado pelo bullying na escola.

que é tentar viver numa convivência violenta, o que é tentar ser forte quando todos pensam que se é fraco. O silêncio de nossas meninas e nossos meninos é um gesto de amor numa vida que não está lhes dando amor, mas medo.

> Não falei. Eu sabia que, se eu falasse, eles me pegariam na esquina; então, como eu queria estudar, como eu precisava viver ali — era só um ano, mais um ano —, fui aprendendo a lidar com a situação. Acabei, mesmo sendo muito machucado, calando. Todo mundo me disse para eu falar, mas eu não falei. Foi a única maneira que encontrei de sobreviver. (V., 15a, Belo Horizonte)

As vítimas de bullying e ciberbullying necessitam falar, dizer o que lhes acontece, denunciar. Porém, dos 238 interlocutores que me disseram ter atravessado o fenômeno da perseguição sistemática, cerca de 85% afirmam que mesmo tendo falado, mesmo tendo dito, mesmo tendo alertado, a violência não cessou. O que fez com que não acreditassem que falando resolveria a situação de violência.

Então, mais do que as crianças e os adolescentes falarem com palavras, é imperioso que se escutem os sinais que são ditos com o silêncio. O silêncio que protege, mas que, ao mesmo tempo, perpetua o sofrimento caso a violência não cesse. É preciso que aprendamos a ouvir o silêncio amoroso de nossas crianças, de nossos adolescentes. Elas/eles têm muita dificuldade de nominar a dor e só aprenderão a fazer se as ensinarmos. Mas nós só as ensinaremos se com elas aprendermos. Pode parecer contraditório que um silêncio que perpetua o sofrimento seja, num só tempo, também uma forma de proteção. A escuta, porém, deve ser menos das palavras, posto que poucas virão, e mais dos sinais que se manifestam em todas as ocasiões, em todos os momentos, em várias e diversas situações.

> Me dei conta de que minha filha ficava calada, mas ela fazia tudo para que a gente olhasse para ela. A gente olhava, mas não via. Foi muito forte quando ela me fez ver que ela não existia dentro de casa. Por duas semanas, minha filha tomou remédio para dormir, meus remédios, e eu não percebi. Por vários dias, ficou sem trocar a roupa

A GERAÇÃO DO QUARTO

de baixo, eu não me dei conta. Foi, sem que nem eu nem meu marido expressássemos discordância, dormir na casa das amigas, fazer trabalho, sei lá mais o que, e a gente não viu. A gente só viu naquela tarde, no dia em que ela já não estava mais com a gente. Se eu tivesse aprendido a ouvir o silêncio dela... (D., 37a, Rio de Janeiro)

"O silêncio era tudo o que ela tinha." Às vezes, não ouvimos as nossas crianças, nossos adolescentes, porque nos habituamos a não lhes dar o devido valor e respeito. Costumamos acreditar que crianças são menos inteligentes que adultos e categorizá-las como "ingênuas" e "puras", porque não sabemos amar as crianças nem os adolescentes como eles se apresentam.

Idealizamos as nossas meninas e os nossos meninos, mas eles não são o que projetamos. São o que podem ser. Todos nós só somos o que podemos ser. É urgente que aprendamos a ler sinais não verbais, a ouvir silêncios, a perceber comportamentos, a abrir espaço de diálogo e de amorosidade dentro de nossas casas, em nossas escolas, entre nós. As crianças e os adolescentes nos reclamam amor, menos o amor idealizado dos românticos e mais o amor genuíno que só ocorre nos limites e nas possibilidades de cada um.

Meu amor vem do silêncio. Por enquanto só consigo amar assim. Se falo como agora, eu me sinto muito mal, mas quero falar como você, quero dizer que, mesmo quando não abro a boca, não digo "ai", não expresso meu sentimento, eu sou capaz de amar a mim. Sei que era melhor ter dito logo tudo desde o início, quando tudo começou, mas eu não conseguia. Só consegui quando fiz o que fiz. Só consegui quando machuquei também. Eu nunca quis machucar. (B., 17a, Recife)

É muito importante que os adultos atentem para o que está dito aqui. Não é sempre que se consegue falar sobre sofrimento emocional. De verdade, é muito difícil falar. Os profissionais da área de saúde mental (psicólogos, psiquiatras) podem e devem ser acionados em casos em que se perceba, sobretudo na escola, sobretudo os professores, comportamentos perigosos.

A VIDA NEM SEMPRE É LEVE

Era meio-dia. O dia estava muito chuvoso. Fui a uma escola e ouvia história de um menino. Não foi fácil ouvir. A dor é algo complicado de narrar. A mãe estava ao nosso lado e a psicóloga da escola também. M. pediu para falar sozinho comigo. Mas mudou de ideia e pediu para falar um pouco na frente da mãe e da psicóloga da escola; depois, falaria sozinho comigo. Acordamos.

> Eu comecei a sentir um gelo no coração. Muito ruim. Meu coração queria saltar à boca. Mas eu sabia que aquilo demoraria uns trinta minutos. Nunca mais do que isso. Era muito ruim. Eu fazia que dormia. Tinha vez que eu precisava ficar acordado. Mas eu não suportava. Quando aquilo terminava, eu chorava sozinho. Não tinha para quem pedir ajuda. Porque ele era meu pai. E minha mãe não sabia que meu pai me abusava quando ela estava de plantão e ele ficava comigo. (M., 13a, Recife)

A mãe do menino diagnosticado com depressão, que sobreviveu a um suicídio, foi alertada pela escola, na cidade em que moravam. O filho dormia muito em sala de aula e era violento com os colegas. Não queria que nenhum homem tocasse nele — para nada, nem mesmo para ajudá-lo se ele caísse num treino de educação física. A escola alertou a mãe e o pai. Este último, obviamente, fez tudo o que podia para dissipar quaisquer suspeitas.

> Me convenceu a tirar meu filho da escola, e os abusos continuaram. Meu filho tentou suicídio duas vezes e só na segunda vez, já no hospital, quando me viu aos prantos e abraçada àquele monstro, isso cerca de sete anos depois que tudo começou, ele gritou: "Mãe, mãe, a culpa é desse nojento, é ele, mãe, esse maldito!" Eu achei que Miguel tinha surtado de vez. Mas alguma coisa me fez parar e ouvir a voz do meu filho e foi quando ele me disse: "Esse maldito era um peso sobre mim, minha mãe idiota." (L., 38a, Rio de Janeiro)

A GERAÇÃO DO QUARTO

A partir daquela revelação, as providências policiais foram tomadas, mas as ameaças não cessaram. Hoje, essa mãe e esse filho vivem fora do Brasil, tentando se refazer de anos de medo e peso. O amor que cuidaria não era leve, nem brando, nem simples, nem cuidadoso, mas vil e astuto, doente e nocivo. As consequências psicológicas e psiquiátricas na vida da mãe e do filho são inúmeras e de difícil acordo, mas são reais e necessitam ser cuidadas.

Muitos de meus interlocutores também eram sobreviventes de suicídio e todos tinham menos de 17 anos. Os relatos eram difíceis de ouvir, porque traziam experiências de violência infradoméstica muito fortes. Casos de abuso de toda ordem, inclusive sexuais, me foram relatados. Muitos companheiros das mães, muitos padrastos, tios, vizinhos, a maioria homens — houve também citação a mulheres, com uma frequência bem menor —, foram apontados como violentadores.

> Minha mãe dá muito em mim. Não tem razão. Ela chega e me dá um murro. Bem na minha cara. Minha mãe apanhou da minha avó. E desconta em mim e no meu irmão de 8 anos. Já fugi de casa duas vezes, mas não tenho coragem de ir muito longe. A minha sorte, a minha vida é Cleiton, ele me socorre. É meu *crush*. Quando não é ele, eu me corto. Alivia. (C., 13a, Recife)

> Meu pai me deu muita surra. Ele é grosso. Violento. Não quer ouvir opinião de ninguém. E ele cisma comigo, porque eu não fico calada. Sou mais atrevida do que a minha irmã. Ela é mais santa. Eu sou mais virada. Mas eu não aceito. Sei que esse amor dele não é amor mesmo. Amor não bate. É um cavalo. Meu pai. (J., 17a, Maceió)

> O marido, sei lá, namorado, da minha mãe me abusou. Eu disse a ela, mas ela disse que a culpa era minha. E que eu deixasse de ser oferecida. Eu tive ódio da minha mãe. Tomei a cartela de comprimido quase toda. Minha mãe não foi ao hospital. Quem cuidou de mim foi minha tia, e minha tia deu parte dele, e minha mãe ainda vive com aquele marginal. Tá ligado? (L., 14a, Recife)

O adoecimento emocional e mental, a depender da classe social na qual os adolescentes da geração do quarto estão inseridos, assume contornos externos muito diversos. Das 3.115 interlocuções que tive inicialmente, optei por ouvir crianças e adolescentes de diferentes situações socioeconômicas e percebi que essa geração não é a mesma em todas as instâncias, embora em todas elas esteja adoecida.

A violência física que está presente em certos grupos sociais denuncia o quanto as meninas são vítimas de crimes claramente com recorte de gênero. Para elas, é mais fácil denunciar; no entanto, é mais difícil receber apoio dentro de suas próprias casas. As meninas violentadas, mesmo depois do estabelecimento do Estatuto da Criança e do Adolescente (ECA), em 1990, precisam ser protegidas de modo intenso, pois a violência lhes chega como uma espécie de gramática da vida e quer impor ordem.

Ricardo Vasconcelos explica que as meninas vítimas de bullying, as que se automutilaram e as que tentaram suicídio foram violentadas de diversas formas dentro de suas casas.[1] A escola, mesmo com falhas e desacertos, lhes serviu de amparo, pois lá encontraram em algumas professoras uma escuta que lhes facultou denunciar a violência, pedir ajuda, almejar socorro, para que pudessem sair do ciclo de opressão ao qual foram submetidas por anos.

> Eu sou professora e presto atenção nos meus alunos. Geralmente, eles não falam o que acontece com eles em casa. Mas eu fico atenta. Escrevem. Ficam arredios. Andam nos corredores. Não querem estudar. Não fazem as tarefas. Brigam. Xingam. Se cortam. É uma vida que não é leve, é pesada. Teve uma aluna daqui, daqui dessa escola, ela agora está se tratando, mas ela me disse: a vida é um chumbo. (H., 32a, Belo Horizonte)

Sob a lógica da violência, silenciosa ou ruidosa,[2] crianças e adolescentes, meninas e meninos, tentam viver e compreender como irão dar conta de tantos desafios, de tantas situações conflituosas, de tanto desrespeito, da liberdade quase imposta, da autoridade autoritária, da iminência de fim de mundo.

De boa, acho que a minha geração vai roer o osso. É mano, saca? Faz tempo, eu li, vi também na internet, a coisa tá foda, mal, pesada. Querem acabar com tudo. Eram 5 milhões de índios aqui. Agora, tem menos, bem menos. Aqui, a gente quer matar. Sensação de fim. Eu não me preocupo tanto assim comigo, mas a minha preocupação é com o mundo. Tá ligado? (B., 18a, Recife)

A geração do quarto vive num período em que o planeta Terra apresenta inúmeros problemas ambientais, diversos problemas econômicos, confusos caminhos políticos, instabilidades várias e avanços tecnológicos impressionantes, mais limitações sociais explícitas em muitos países do globo. A geração do quarto respira incertezas. Não se deve querer dela reduções deterministas.

NADA DE FRACASSADOS, TEMOS UM MUNDO NOVO

É um equívoco acreditar que a geração do quarto fracassa a cada dia, porque suas emoções são frágeis e porque as doenças mentais lhe são mais ostensivas. É um equívoco, a meu ver, porque há uma força nessas meninas e nesses meninos que só conseguimos perceber quando saímos das nossas impressoes imediatistas e entramos em espaços e tempos de novos olhares, e novos sentimentos, e novos pensamentos.

Meninos e meninas, crianças e adolescentes e jovens adultos estão nos dando uma excelente alternativa para repensar os caminhos e os trajetos que construímos até agora e não deram certo. A verdade é que a geração do quarto só reclama com estridência silenciosa aquilo que as gerações anteriores não foram capazes de reclamar, não foram capazes de pontuar, não foram verdadeiras para apresentar: nosso modelo de sociedade centrada no individualismo é um desastre.

De algum modo, quando anda em grupo, quando se materializa em tribo, quando não compreende a sexualidade de forma binária exclusivamente, quando entende que o binarismo de gênero, a discriminação racial, a dicotomia rico e pobre, a perenidade das relações são, em sua essência, convenções e não regras exógenas à condição humana, a geração do quarto nos salta aos olhos como uma nova maneira de sentir e pensar a vida.

No mesmo tempo e espaço. essa geração nos alerta para a importância da educação socioemocional, para que trabalhemos a integração corpo e mente, para que olhemos as fragilidades da ciência sem consciência,[3] para que repensemos o que estamos fazendo com as relações familiares. A geração do quarto se põe à prova para nos ensinar a amar. É assim que vejo.

> Eu disse a minha filha que ela era uma mulher muito forte, muito dinâmica e muito capaz. Mesmo com os transtornos obsessivo-compulsivos que a levaram às mais diversas situações difíceis, entre elas a automutilação sem intenção suicida, ela estudou, fez ensino médio, prestou Enem, entrou na universidade, aprendeu a guiar carro, começou a namorar, criou laços afetivos com pessoas diversas, vive. Consegue viver e defender suas posições, suas opiniões, seus sentimentos e seus pensamentos. (M., 35a, Recife)

Não é mesmo fracassada essa geração que está no quarto, mas uma ponta de um grande iceberg para o qual devemos olhar, e perceber que ele se aproxima de nós e pode nos matar, caso não tomemos providências. Uma das providências mais relevantes, a meu ver, é nos olharmos nos espelhos que temos, nós, adultos, e vermos que precisamos aprender com nossas crianças e nossos adolescentes o que eles podem nos ensinar.

> Eu queria que meu pai visse que eu sei amar. Não importa se amo menino e menina, mas eu sei amar. Importa isso. Não desrespeito. Não machuco. Não quero o mal de ninguém. Estudo. Quero trabalhar. Não importa se amo diferente dele, mas amo. O amor pode ser assim. Quem diz o contrário é porque não quer amor, quer guerra. (D., 13a, Natal)

A GERAÇÃO DO QUARTO

> Não me interesso se meu amigo é dessa ou daquela religião, porque eu sei que cada pessoa escolhe a religião que faz bem a ela, e eu sou assim: todo mundo tem que escolher a religião, se quiser uma. Se não quiser, valendo, beleza, não escolhe. Eu convivo com todo mundo. De boa, mas eu sou de terreiro. Aprendi isso com minha irmã mais velha. E não quero saber de discriminar. (A., 15a, Rio de Janeiro)

> Eu não quero depender de homem. Quero estudar. Quero ter meu dinheiro. Quero ser livre. Quero ficar. Namorar. Zoar. Beber. Mas quero poder andar do jeito que eu quiser. Gosto de política. Vou à passeata. Sou progressista. Não curto essa *vibe* de direita. Mas sou aberta a ouvir. Democracia. Tá ligado? (L., 17a, Recife)

> Sou mais liberal. Estado mínimo. Mas não curto essa onda de reacionário, tá ligado? Só que gosto de economia e falo sobre essa onda com meu pai e meu padrinho. Tenho amigos de todo tipo. Quando saco que alguém é racista ou coisa e tal, me afasto. Detesto essa *vibe* de preconceito. Acho que a liberdade é a marca da minha tatuagem. (J., 15a, Recife)

Alguns dirão, de modo pouco fundamentado, que a geração do quarto é notadamente mais inteligente do que as demais gerações, uma vez que ela consegue lidar com aparelhos eletrônicos e com mídias digitais com mais habilidade do que, por exemplo, a chamada geração X, mas não penso desse modo, não creio que devamos categorizar inteligências.

Não se trata de ter mais ou menos inteligência, mas de ter inteligência contextual, acordada com as experiências de seu tempo e de seu espaço, com as informações culturais, com os acontecimentos sociais e históricos. Não se trata, mais uma vez, de dicotomizar emoção e razão e cognição e afeto; essas faculdades dos vivos estão inter-relacionadas.

A geração do quarto, ainda que emocional e mentalmente tenha fragilidades mais ostensivas, tem nas emoções e na mente uma série de elementos fulcrais para a vida de todos nós. É fundamental que vejamos essa questão.

Não é simplesmente eliminar a doença e dela se ver livre como se ela não quisesse dizer algo sobre nós mesmos. É olhar as doenças emocionais e mentais e perceber que fazem parte de um ciclo de saúde.

> Quando a Luísa foi diagnosticada com depressão, o chão saiu dos meus pés e a gente entrou em pânico lá em casa. Com o passar do tempo, vimos que nós também estávamos, todos, necessitando de psicoterapia. Procuramos um bom terapeuta de família e talvez tenha sido essa situação, ao olharmos muito para nós mesmos, que nos trouxe alternativas de saída. Nesse caso, Luísa foi nossa salvadora, brincamos. (M., 40a, Belo Horizonte)

Não é acreditando que as gerações anteriores venceram, ultrapassaram, atravessaram, chegaram ao outro lado da margem sem arranhões, sem fissuras, sem medos, sem traumas, sem dores, sem mutilações, sem atentados contra a vida que vamos entender o que se passa com a geração do quarto. Se pensarmos e sentirmos bem, vamos, com calma e amor, ouvir relatos maravilhosos dos meninos e das meninas que nos ensinam a amar a partir de suas experiências nem sempre saudáveis, mas sempre exemplos de quem, de um modo ou de outro, está tentando criar vínculos com a vida e, com ela, manter uma relação de acordo com as suas possibilidades e os seus limites.

11. As emoções

Sabia que a queda era grande
Mas tive que pular
Queria que a gente fosse mais alto
Quando segurei sua mão você soltou a minha
E ainda me empurrou do penhasco

"Penhasco", Luisa Sonza, 2020

A ESCUTA COMO ESTRATÉGIA DE AJUDA

Em seu livro *O sofrimento de uma vida sem sentido: caminhos para encontrar a razão de viver,* o psiquiatra austríaco Viktor E. Frankl nos diz que cada época tem sua neurose e precisa de sua psicoterapia.[1] Frankl explica que o tempo, o espaço e a situação forjam a necessidade de lidar com as situações que ocorrem no presente, que ocorrem no agora, no hoje. Seria como entender a humanidade sempre em movimento, sempre atual.

Para que possamos entender a humanidade em seu momento, em sua atual condição, é necessária uma série de elementos. Todavia, entre eles, no meu entendimento, um merece total atenção: *a escuta.* Sem a escuta, não seremos capazes de ouvir o outro em seus momentos de alegria e em seus momentos de tristeza. Escutar é uma estratégia essencial para que possamos ajudar a geração do quarto.

De um ponto de vista conceitual, escutar é diferente de ouvir. Escutar remete a aderir ao que se ouve, e ouvir não implica adesão. Aderir é se permitir ouvir quem nos fala — ainda que não acordemos com aquilo que é dito por quem nos fala; ainda que o que é falado não nos pareça coerente.

Rubem Alves, num texto chamado "Escutatória",* explica que, para "ouvir", é necessário parar de falar, esvaziar-se de tantas informações e de tantas teorias. Para isso, é preciso simplesmente se colocar à disposição, se pôr ali, para escutar o que a outra pessoa quer dizer, com ou sem palavras. É preciso, como diz Gyalwa Dokhampa, serenar a mente e fazê-la menos inquieta.[2] Pois bem, a geração do quarto necessita ser escutada e, para que seja ouvida, é essencial que nós nos coloquemos à disposição.

"Mas como me coloco à disposição, Hugo?", perguntou-me uma mãe atônita diante do sofrimento psíquico de sua filha. "Não sei como agir. Me sinto uma porcaria. Ela parece que me odeia", continuou a mãe. De fato, há momentos na vida em que não sabemos como agir com os nossos filhos, com os nossos estudantes, com os nossos enteados. Parece que tudo o que fazem é para nos agredir, nos enfrentar, nos tirar do sério, nos colocar à prova.

> Minha mãe não para de falar. Tem hora que eu me tranco no quarto, nem é para ficar na internet, nem é para sumir, nem é para pensar merda, é só para não ouvir a minha mãe repetir que eu sou diferente do que ela queria. Ela diz isso desde que eu me entendo por gente. (F., 15a, Recife)

A reclamação de F. é que a mãe não a ouve; e sua mãe se diz impotente diante do sofrimento de F. Ambas sofrem. Quando está em casa, F. raramente sai do quarto e costuma ter episódios sistemáticos de autolesão.

---

* Disponível em: <http://rubemalves.locaweb.com.br/hall/wwpct3/newfiles/escutatoria.php>.

A GERAÇÃO DO QUARTO

Passou três anos sendo vítima do que entendemos como *bullying estético* e sua mãe só ficou sabendo o que se passava no dia em que F. escreveu nas redes sociais que não queria mais viver. Sua tia viu e contou para a mãe de F.

> Nesse dia, minha mãe ficou só me olhando, sabe? Era como se eu fosse um bicho estranho mesmo para ela. Ela não disse palavra. O olho dela é que gritava. Eu tapei os ouvidos e desmaiei. Isso mesmo. Eu ouvi minha mãe gritando. Como ela faz sempre. Mas o grito dela não tinha palavra. (F., 15a, Recife)

O relato de F. e o de sua mãe são comuns. A ausência de escuta promove a dificuldade do entendimento e gera a impossibilidade de troca, de permuta, de acolhimento e cumplicidade. Como disse Rubem Alves, para ter "escutatória", é preciso saber "ouvir". A mãe de F. me perguntou como se pôr à disposição e eu tentei lhe explicar: não ouça julgando, simplesmente ouça; não ouça comparando, simplesmente ouça; não ouça aconselhando, simplesmente ouça; não ouça antecipando a resposta, respire e ouça.

Escutar, nesse caso, não implica orientar simplesmente, mas se dar conta de que aquela menina, aquele menino, a nossa filha, o nosso filho, a nossa aluna, o nosso aluno, a nossa enteada, o nosso enteado são pessoas repletas de emoções e que por alguma razão, muitas vezes alheia a nós, a nossa vontade, elas e eles não estão confortáveis, mas vulneráveis, e querem nos pedir ajudar ainda que não consigam, não saibam, não falem.

> Eu quis dizer para minha professora o que estava acontecendo comigo, mas eu não vi espaço, fiquei com medo, achei melhor fingir costume, me calar, bancar o idiota, não responder, mesmo sabendo, não me fazer notar, fiquei ali, no canto, me sentido uma bosta de pessoa. Então decidi que era melhor morrer. Foi isso!!! (R., 14a, Maceió)

A ausência de escuta acolhedora é um problema sério para as relações humanas, um impedimento para quem precisa de ajuda e um fator de risco para a geração do quarto, uma vez que essa geração costuma não saber identificar, nominar e falar com palavras as suas emoções, os seus sentimentos. R. atentou contra a vida dentro da escola, local em que se envolveu em diversos episódios de ciberbullying.

> Eu queria falar, eu queria falar, até tentei, mas não vi ninguém querendo me ouvir. Naquele dia, disseram que eu gostava da brincadeira, que eu não reagia, que eu também bagunçava. Aí fui no banheiro e não lembro mais o que aconteceu. Não lembro. Até hoje, eu fico tremendo e sem querer voltar na escola. (R., 14a, Maceió)

Quando a mãe de F. me perguntou como ficar à disposição, eu tentei lhe explicar que só ficamos à disposição para escutar se entendermos que estamos tratando de questões que atravessam e são atravessadas pelas emoções. E que essas emoções, muitas vezes, não se apresentam com palavras, mas nas atitudes, nos comportamentos, nos modos de operar, na forma de viver. Reconhecer que temos emoções é um passo essencial para que possamos escutar verdadeiramente uma pessoa.

AS EMOÇÕES NÃO DEVEM SER NEGLIGENCIADAS

Durante séculos, negligenciamos as emoções. Escolhemos, ainda que nem sempre de modo lúcido, acreditar que a razão era a única forma legítima de uma pessoa aprender, de uma pessoa ser inteligente, de uma pessoa se desenvolver. Não nos demos conta de que os humanos são constituídos de diversos elementos, diversas dimensões, diversos aspectos e que todos eles são essenciais a sua existência.

No texto "Saúde mental na escola", Marlene Vieira *et al.* nos dizem que, segundo dados da Carga Global de Doenças 2014 (Global Burden of Disease — GBD), 10% a 20% das crianças e dos adolescentes, no Brasil, apresentam algum transtorno mental.[3] Talvez esses percentuais, ainda que altos, possam ser ainda maiores, se considerarmos os processos de identi-

A GERAÇÃO DO QUARTO

ficação e notificação dos casos. De todo modo, o fato é que os percentuais, subnotificados ou não, são altos e preocupantes.

> Eu só me convenci de que meu filho tinha depressão quando ele passou a se trancar no quarto e só sair de lá arrastado. Eu entrei em pânico, porque, na época, ele só tinha 11 anos de idade e eu achei que fazia tudo o que estava correto, mas a gente se engana muito. (N., 40a, Belo Horizonte)

O fato de, quase sempre, não termos consciência de que as emoções e os sentimentos são fundamentais na educação e no desenvolvimento de nossas crianças e adolescentes tem a ver com aquilo que chamo de "negligência das emoções".[4] Negligenciar as emoções é não cuidar delas, acreditando que não são relevantes e que, muitas vezes, "atrapalham" a vida.

> Essa coisa de emoção atrapalha meu filho a ser forte e poder enfrentar a vida. (R., 41a, Rio de Janeiro)

> Não falo pra ele que tenho medo, porque ele me disse que essa conversa de medo é pra fracos e que a vida castiga quem é fraco. Eu tento ser forte, sabe? Mas é foda, não consigo. Tenho medo. Medo. É difícil falar isso dentro de casa. A gente não fala nada o que sente lá. É silêncio e briga. (B., 13a, Rio de Janeiro)

R. não permite que B. fale o que sente e R. acredita que "sentimentos" são obstáculos. A compreensão de R. é equivocada e B. não consegue se comunicar com R. Por essa razão, B. precisou de ajuda psicoterapêutica, mas R. achou que isso era "frescura de gente fraca" e, mesmo diante do sofrimento evidente, insistiu em negligenciar as emoções de B. e em tentar deslegitimar o trabalho dos profissionais da área de saúde mental.

> Acho essa história de saúde mental bobagem. Acho mesmo. (R., 41a, Rio de Janeiro)

R. está enganado. Talvez, inclusive, este seja o grande problema de B.: o fato de R. negligenciar o cuidado com as emoções, de não reconhecer a importância de se tratar das emoções, de se aprender sobre as emoções, de se entender qual o papel das emoções na vida de uma pessoa. A negligência com as emoções impede que as conheçamos, bem como os sentimentos; que identifiquemos as emoções; que saibamos como lidar com situações em que as emoções e os sentimentos sejam evocados.

É fundamental que aprendamos a conhecer e reconhecer nossas emoções, nossos sentimentos. Para que isso ocorra, é necessário que esse assunto passe a fazer parte de nossas vidas, de nosso cotidiano, do nosso universo — que seja um tema frequente em nossas existências. Daniel Goleman, em seu livro *Inteligência emocional: a teoria revolucionária que redefine o que é ser inteligente*,[5] nos apresenta o seguinte quadro:

Emoções	Famílias das emoções
Ira	Fúria, revolta, ressentimento, raiva, exasperação, indignação, vexame, acrimônia, animosidade, aborrecimento, irritabilidade, hostilidade e, talvez no extremo, ódio e violência patológicos
Tristeza	Sofrimento, mágoa, desânimo, desalento, melancolia, autopiedade, solidão, desamparo, desespero e, quando patológica, severa depressão
Medo	Ansiedade, apreensão, nervosismo, preocupação, consternação, cautela, escrúpulo, inquietação, pavor, susto, terror e, como psicopatologia, fobia e pânico
Prazer	Felicidade, alegria, alívio, contentamento, deleite, diversão, orgulho, prazer sensual, emoção, arrebatamento, gratificação, satisfação, bom humor, euforia, êxtase e, no extremo, mania
Amor	Aceitação, amizade, confiança, afinidade, dedicação, adoração, paixão, ágape
Surpresa	Choque, espanto, pasmo, maravilha

A GERAÇÃO DO QUARTO

Nojo	Desprezo, desdém, antipatia, aversão, repugnância, repulsa
Vergonha	Culpa, vexame, mágoa, remorso, humilhação, arrependimento, mortificação e contrição

É possível que vejamos um número considerável de emoções e como se desdobram em famílias de emoções ou em sentimentos. R. não queria que B. falasse sobre seus sentimentos; B. sentia "medo" que, como vemos no quadro, eles pudessem estar relacionados à depressão, à ansiedade, à fobia, ao pânico. No caso de B., o pânico havia sido diagnosticado, mas R. relutava em ajudar a seguir o acompanhamento psicoterapêutico.

No Brasil, em 2017,* com a homologação da Base Nacional Comum Curricular (BNCC), veio a lume a existência de dez competências gerais para as aprendizagens da educação básica. As competências 8, 9 e 10 estão voltadas para o processo de educação das emoções. Embora eu não concorde exatamente com a ideia de competência emocional, entendo que a BNCC põe em causa um assunto urgente: as escolas precisam reconhecer a importância das emoções e não podem fazer isso de forma tradicionalista, tecnicista e mecânica.

Respectivamente, as três referidas competências gerais dizem o seguinte:

1. conhecer-se, apreciar-se e cuidar de sua saúde física e emocional, compreendendo-se na diversidade humana e reconhecendo suas emoções e as dos outros, com autocrítica e capacidade para lidar com elas;

---

* Em 20 de dezembro de 2017, a BNCC foi homologada pelo Ministério da Educação. A BNCC é um documento normativo que define um conjunto de aprendizagens essenciais aos estudantes da Educação Básica. Temos, desde 2018, a BNCC da Educação Infantil, do Ensino Fundamental e do Ensino Médio. A Base estabelece conhecimentos, competências e habilidades que se espera que todos os estudantes desenvolvam ao longo da escolaridade básica. Orientada pelos princípios éticos, políticos e estéticos traçados pelas Diretrizes Curriculares Nacionais da Educação Básica, a BNCC soma-se aos propósitos que direcionam a educação brasileira para a formação humana integral e para a construção de uma sociedade justa, democrática e inclusiva. Disponível em: <http://basenacionalcomum. mec.gov.br/>. Acessado em: abr. 2020.

2. exercitar a empatia, o diálogo, a resolução de conflitos e a cooperação, fazendo-se respeitar e promovendo o respeito ao outro e aos direitos humanos, com acolhimento e valorização da diversidade de indivíduos e de grupos sociais, seus saberes, identidades, culturas e potencialidades, sem preconceitos de qualquer natureza; e

3. agir pessoal e coletivamente com autonomia, responsabilidade, flexibilidade, resiliência e determinação, tomando decisões com base em princípios éticos, democráticos, inclusivos, sustentáveis e solidários.*

Como podemos ver, existe na BNCC uma preocupação evidente com aquilo que chamamos de educação das emoções ou de educação socioemocional. Essa preocupação tem a ver com o fato aqui trazido à tona: estamos diante de sérios problemas socioemocionais, e nossas crianças e nossos adolescentes estão sendo vítimas de um ambiente tóxico que insiste em negligenciar o emocional humano.

O CUIDADO, O AUTOCONHECIMENTO, A CONVIVÊNCIA, O DIALÓGICO, A AMOROSIDADE: PILARES PARA UMA EDUCAÇÃO SAUDÁVEL

A geração do quarto nos ensina a amar na medida em que nos adverte sobre os nossos erros enquanto sociedade. Em seu livro *Falar de amor à beira do abismo*, o neurologista e psiquiatra francês Boris Cyrulnik lembra-nos que as boas experiências são fundamentais em processos de resiliência e que boas lembranças nos ajudam a atravessar situações difíceis e a continuar nossa trajetória de vida.[6]

A geração do quarto precisa de que a ajudemos nessa trajetória con siderando três dimensões essenciais aos processos de educação: i) temos emoções e somos pessoas emocionais; ii) precisamos aprender a identifi-

---

* Dados disponíveis em: <http://basenacionalcomum.mec.gov.br/abase/#introducao>.

A GERAÇÃO DO QUARTO

car e nominar as nossas emoções; e iii) necessitamos saber lidar com as nossas dificuldades a partir dos nossos ancoramentos socioemocionais, sustentados por cinco pilares:

a) cuidado;
b) autoconhecimento;
c) convivência;
d) dialogicidade; e
e) amorosidade.

Esses cinco pilares que sustentam processos educativos saudáveis podem ser assim descritos:

(1) O pilar do cuidado trata sobre a importância do cuidado consigo e do cuidado com o outro, o que implica tratar das questões relacionadas ao respeito, à compreensão, à convivência entre pares, à convivência entre desiguais, à alimentação, ao uso abusivo de álcool, aos relacionamentos abusivos, ao bullying, ao ciberbullying, ao uso excessivo de redes sociais digitais, ao cuidado com os espaços físicos, com os bens públicos, com as ancestralidades.

(2) O pilar do autoconhecimento trata sobre a biografia, a história de cada pessoa, a família, os pais, as mães, os/as avós, os irmãos, as irmãs, os tios, as tias, os amigos, as amigas. A ancestralidade que importa para a vida de cada um, de cada uma. Quando se reconhece a biografia, sua importância, sua relevância, vincula-se à vida, evidenciando que, quando nos conhecemos, admitimos que somos o que podemos, o sentido que construímos e a construção dos significados da vida.

(3) No pilar da convivência, certamente há uma relação (in)direta entre aprender a ser e aprender a conviver. E aprender ambas as coisas implica que o ser humano necessita aprender a como lidar com as emoções, os sentimentos e a relação que isso tem com a vida alheia, com a vida além da sua vida e com os desdobramentos que o sofrimento intersubjetivo tem. Tratamos de situações cotidianas que evocam reflexões éticas, morais e espirituais, para as quais a compaixão, a empatia e a resiliência são habilidades necessárias e essenciais.

(4) O pilar da dialogicidade é mesmo o pilar da adesão, da compreensão, da diplomacia, da genuinidade, da tentativa de não se excluir o(a) outro(a), porque eles(as) são diferentes. O diálogo é também um exercício que se aprende, na medida em que se compreende o quanto resulta em possibilidades de melhor convivência, e que a melhor convivência gera uma vida melhor para todos(as). O exercício da dialogicidade é realizado quando as pessoas aprendem a falar o que pensam e sentem, mas entendem que o que pensam e sentem não é a última palavra sobre a verdade.

(5) O pilar da amorosidade é tratado com reflexões e ações. As reflexões geram as ações, e as ações não são realizadas de modo mecânico. A amorosidade é a doação de si para si e para o outro, mas a certeza de que o outro não deve ser o "inferno" que nos atormenta vida afora. A amorosidade primeira é por si mesmo, mas isso só ocorre quando não se pretende excluir de forma destrutiva o outro. Acredita-se poder ensinar a amar a vida e todos os seus desdobramentos, evitando que o ódio seja um sentimento propulsor de ações violentas. A amorosidade remete ao sentimento de cuidado e de autocuidado.

Parece-nos evidente que a geração do quarto não foi educada amparada nas três dimensões aqui aludidas, nem nos cinco pilares. O que estou propondo é que atentemos para a prevenção ao adoecimento psíquico e à promoção da saúde mental de crianças e adolescentes. Não precisamos esperar que as emoções adoeçam para que cuidemos delas. É imperioso que façamos isso antes. É importante, também no processo de prevenção, pedir ajuda de profissionais da saúde mental: terapeutas, psicoterapeutas, psiquiatras.

No processo de educação saudável, tanto em termos de prevenção quanto em termos de promoção ou mesmo de acompanhamento terapêutico, psicoterapêutico e psiquiátrico, é muito importante que a criança e o adolescente tenham rede de apoio: i) amizades que ajudem no processo de cuidado, de autoconhecimento, de convivência, de dialogicidade e de amorosidade; ii) entretenimento que ajude a ter momentos de lazer; iii) experiência com a arte, com a experiência estética; iv) atividades voluntárias; v) projetos de vida; e vi) reconhecimento de suas potencialidades.

A GERAÇÃO DO QUARTO

No seu livro *Cérebro do adolescente: o grande potencial, a coragem e a criatividade da mente dos 12 aos 24 anos*, Daniel J. Siegel defende a tese de que, de um ponto de vista biológico, o cérebro adolescente é formado para permitir que o potencial, a coragem e a criatividade sejam elementos preponderantes nessa etapa da vida.[7] Evidentemente, essa visão de Siegel é fundamentada numa hermenêutica neurocientífica. Todavia, concordamos, como já dissemos antes, que a geração do quarto sinaliza muitas potencialidades e que seu adoecimento nos aponta caminhos de revisão em nossos processos educativos: familiares, escolares e sociais, de modo geral.

Conclusão

Após termos ouvido crianças e adolescentes e analisado suas falas, seus pensamentos e, talvez, de algum modo, compreendido seus sentimentos, percebemos que ou fazemos o que fazemos de outro modo, de outra forma, ou, em muito pouco tempo, a situação ficará ainda mais grave e teremos problemas ainda mais sérios no que tange ao objeto de estudo deste livro.

Foram 123 falas, depoimentos que nos levaram à reflexão sobre o quanto um momento de dor pode ser revelador de que os contextos nos quais estamos inseridos importam para a qualidade de nossas vidas. As trocas nos relacionamentos são verdadeiramente fulcrais e precisam ser cuidadas de modo especial, atento e acurado.

Crianças e adolescentes nos avisam, por meio de suas ações, de seus comportamentos, que as coisas não estão bem ou que estão ótimas. A "geração do quarto", como assim denomino meninos e meninas que — pelos motivos que tentei apresentar neste livro — estão fragilizados emocional e mentalmente, no lugar de ser um exemplo de fracasso, é, a meu ver, uma demonstração de equívoco nos afetos. As crianças e os adolescentes estão nos dizendo sobre o que fizemos com os nossos projetos civilizatórios e o que não fizemos.

Pelo que vimos e sentimos, os adultos necessitam aprender que, mesmo em silêncio — geralmente em silêncio de palavras —, crianças e adolescentes esperam que as orientações de como seguir na vida, de como ser alegre e triste na vida, de como experimentar os desafios da vida acabem vindo.

Eles querem muito que seus pais e suas mães ensinem a amar — por isso também mostram que podem ensinar.

As gerações não devem ser rotuladas sob a lógica cronológica, visto que não é exatamente a situação etária condicionante determinista, uma condição exclusiva para que se defina uma geração. É melhor que pensemos em movimentos intergeracionais para os quais há uma coexistência de gerações e um processo de dialogicidade entre elas. A geração do quarto não se restringe a quem tem esta ou aquela idade, embora crianças e adolescentes explicitem de modo mais ostensivo suas características.

É relevante não se tentar negar os fenômenos que emergem com a geração do quarto, mas sim tentar compreender a sua força e a sua dinâmica, e procurar, com base nessa compreensão, desenvolver estratégias saudáveis de convivência, de existência, de vivência. É essencial que não tentemos anular o que se mostra aos nossos sentimentos e pensamentos. E, se por acaso, nós, adultos responsáveis por crianças e adolescentes, percebermos que, sozinhos, não conseguiremos auxiliar esses seres adoecidos física, emocional e mentalmente, faz-se mister procurarmos sem demora a ajuda de profissionais da área de saúde.

Esperamos que este livro tenha auxiliado sobremaneira os adultos na compreensão do comportamento das crianças e dos adolescentes, visto que tal compreensão é condição central na melhoria da qualidade de vida das pessoas, individual ou coletivamente. Os índices de adoecimento emocional e mental no mundo levam as nações mundiais a pensar em ações voltadas para reverter a situação e se precaver para que ela não se alastre.

No entanto, enquanto crianças e adolescentes forem tratados como se não tivessem direitos e a visão adultocêntrica de mundo prevalecer sobre as óticas trazidas pelas infâncias e juventudes, não conseguiremos sair desse labirinto no qual nos encontramos, à espera, por vezes indefesos ainda que não inocentes, do Minotauro e de sua verve esfaimada.

Mais do que nunca, este é o momento de trabalharmos com o sentimento de acolhimento, compaixão, empatia, compreensão, não comparação, qualquer outra forma de condução da situação, fundamentada, por exemplo, em ideários reducionistas, preconceituosos, conservadores,

A GERAÇÃO DO QUARTO

não progressistas. Isso certamente tenderá a intensificar o adoecimento, provocando o acirramento do que já se encontra adoecido.

Talvez, de modo dolorido, seja esta a questão central das crianças e dos adolescentes: eles não mais estão de acordo com os modelos civilizatórios, os quais negam a ludicidade e trabalham com uma espécie de racionalismo métrico, vincado em uma proposta de mundo binária e dicotômica. É uma época de transversalizar a vida mais do que nunca, procurar ouvir o silêncio dos corpos marcados e o barulho das mentes inquietas.

Por mais contraditório que possa parecer, a geração do quarto, que pede socorro, também nos socorre, visto que, diferentemente dela, por motivos que pensamos ter sido explicitados neste livro, tentamos camuflar nossos sentimentos e pensamentos. Essa geração, pelo contrário, não escamoteia nem finge, mas age — age e diz, escrito em suas mentes e seus corpos: nela, eu quero aprender a amar, ao tempo que lhes ensino o caminho.

O caminho está posto, mas não imposto. Vamos seguir?

Notas

2. A geração do quarto

1. Ferreira (2017).
2. Nasio (2011).
3. Maffesoli (2005).
4. Frankl (2004).
5. Nasio (2011, p. 18).
6. Maffesoli (2010).
7. Andrade Filho (2018).
8. Philippe Ariès (2010, p. 51).
9. Libório e Koller (2009).
10. Ferreira (2018).
11. Bachelard (2002).
12. Bauman (2014)
13. Maffesoli (2015)
14. André Lemos (2010)
15. *Ibid.*

3. A família

1. Roudinesco (2013).
2. Roudinesco (2013, p. 19).

3. Lévi-Strauss *apud* Oliveira (2009, p. 26).

4. Lira (2014, p. 103).

5. Roudinesco (2013, p. 19).

6. Oliveira (2009).

7. Roudinesco (2013).

8. *Ibid.*

9. Ferreira (2018, p. 20).

10. Lira (2015, p. 19).

11. Nasio (2011).

4. O quarto

1. Zorzoli (2018).
2. *Ibid.*
3. Monteiro *et al.* (2012, p. 526).
4. Solomon (2014, p. 15).
5. Santos (2006).
6. *Ibid.*
7. Ferreira (2016, p. 13).
8. Santos (2006).

5. A escola

1. Ferreira (2018).
2. Elkind (2004).
3. *Ibid.*
4. Sá (2015).
5. Elkind (2004, p. 37)
6. Korczak (2012).
7. Ferreira (2016, p. 24)
8. Elkind (2004).
9. Abramovay (2008).
10. Scarton (2018).

A GERAÇÃO DO QUARTO

11. Ferreira (2015, 2016, 2017 e 2018).

12. Abramovay *et al.* (2016).

13. Elkind (2004, p. 41).

14. Abramovay e Rua (2016).

15. Elkind (2004).

16. Lowry (1995) *apud* Elkind (2004).

17. Abramovay *et al* (2016).

18. Ferreira (2018).

19. Bourdieu e Passeron (2013).

20. Abramovay (2018).

6. A aids, a gravidez na adolescência e o uso abusivo de álcool

1. Nasio (2011).

2. Elind (2004).

3. Gappa Brotas (2020).

4. Dadoorian (2003, p. 84).

5. Opas/OMS (2018).

6. Dadoorian (2003).

7. Dadoorian (2003, p. 85).

8. Laranjeira (2011).

9. Lima (2011).

10. Lima (2011, p. 2).

11. Quintanilla (2018).

12. Lima (2017).

13. *Ibid.*

14. Lima (2017, p. 19).

7. Os ídolos

1. *Estadão* (2018).

2. Andrade Filho (2018).

3. Andrade Filho (2018, p. 145).

4. Calvino (1988, p. 11-12).

5. Andrade (1986).

6. Diniz (2017).

7. Maffesoli (2013).

8. O corpo e a mente

1. Ramos e Pedrão (2013).

9. As relações humanas

1. Klebold (2016, p. 15).

2. Korczak (2015).

10. A geração do quarto nos ensina a amar

1. Vasconcelos (2018).

2. Maffesoli (2014).

3. Morin (2010).

11. As emoções

1. Frankl (2015).

2. Dokhampa (2016).

3. Vieira *et al.* (2014).

4. Ferreira (2021).

5. Goleman (2012).

6. Cyrulnik (2006).

7. Siegel (2015).

Referências bibliográficas

ABRAMOVAY, Miriam (coord.). *O papel da educação para jovens afetados pela violência e outros riscos no Ceará e Rio Grande do Sul*. 2018. Disponível em: <http://flacso.org.br/?project=o-papel-da-educacao-para-jovens-afetados--pela-violencia-e-outros-riscos-no-ceara-e-rio-grande-do-sul>.

_____. et al. *Diagnóstico participativo das violências nas escolas*: falam os jovens. Rio de Janeiro: FLACSO — Brasil/OEI/MEC, 2016.

_____. et al. *Escolas inovadoras*: experiências bem-sucedidas em escolas públicas. Brasília: UNESCO, 2018.

ABRAMOVAY, Miriam; RUA, Maria das Graças. *Violências nas escolas*. Brasília: UNESCO, 2016.

ANDRADE, Carlos Drummond de. *Corpo*. São Paulo: Companhia das Letras, 1986.

ANDRADE FILHO, José Ricardo de. *O vlog e os direitos humanos*: a formação d@s jovens e d@s professor@s no ambiente escolar. 2018. Dissertação (mestrado em Educação) — Universidade Federal de Pernambuco, 2018.

ARIÈS, Philippe. *História social da criança e da família*. Rio de Janeiro: LTC, 2010.

BACHELARD, Gaston. *A poética do espaço*. São Paulo: Martins Fontes, 2012.

BAKHTIN, Mihail. *Estética da criação verbal*. Trad. Paulo Bezerra. 4. ed. São Paulo: Martins Fontes, 2003.

BAUMAN, Zygmunt. *Modernidade líquida*. Rio de Janeiro: J. Zahar, 2014.

BOURDIEU, Pierre; PASSERON, Jean-Claude. *A reprodução*. 3. ed. Rio de Janeiro: Francisco Alves, 2013.

BRASIL. Congresso Nacional. *Estatuto da Criança e do Adolescente*. Lei nº 8.069/90, de 13 de julho de 1990. Brasília: Congresso Nacional, 1990.

_____. Ministério da Educação. Base Nacional Comum Curricular. Brasília, 2018.

CALVINO, Ítalo. *Seis propostas para o próximo milênio*. São Paulo: Companhia das Letras, 1988.

CASTORIADIS, Cornelius. *La Création humaine 1:* Sujet et vérité dans le monde social historique. Paris: Seuil, 2012. (Collection "La couleur des idées".)

COMAZZETTO, Letícia Reghelin *et al.* Generation Y in the Job Market: A Comparative Study among Generations. *Psicologia:* Ciência e Profissão, v. 36, n. 1, p. 145-157, 2016. ISSN 1414-9893. Disponível em: <http://dx.doi.org/10.1590/1982-3703001352014>.

CYRULNIK, Boris. *Falar de amor à beira do abismo*. São Paulo: Martins Fontes, 2006.

_____. *Psicoterapia de Deus*. Petrópolis: Vozes, 2018.

DADOORIAN, Diana. *Pronta para voar*: um novo olhar sobre a gravidez na adolescência. Rio de Janeiro: Rocco, 2003.

DINIZ, Pedro. Alheias a tendências e ídolos, novas gerações definem nova "era da moda". *Folha de S.Paulo,* 22 nov. 2017. Disponível em: <https://www1.folha.uol.com.br/ilustrada/2017/11/1937103-alheias-a-tendencias-e-idolos--novas-geracoes-definem-nova-era-da-moda.shtml>.

DOKHAMPA, Gyalwa. *A mente serena*: uma nova forma de pensar, uma nova forma de viver. Rio de Janeiro: Lúcida Letra, 2016.

DOMINGUES, José Maurício. Gerações, modernidade e subjetividade coletiva. *Tempo Social,* São Paulo, v. 14, n. 1, p. 67-89, 2011.

DURKHEIM, Émile. *As regras do método sociológico*. São Paulo: Martins Fontes, 2014.

ELKIND, David. *Sem tempo para ser criança:* a infância estressada. Porto Alegre: Artmed, 2004.

ESTADÃO. Os canais de YouTube mais vistos, curtidos e comentados em 2018. 17 dez. 2018. Disponível em: <https://emais.estadao.com.br/noticias/tv,os-canais--de-youtube-mais-vistos-curtidos-e-comentados-em-2018;70002649389>.

ESTANISLAU, Gustavo M.; BRESSAN, Rodrigo Affonseca. *Saúde mental na escola:* o que os educadores devem saber. Porto Alegre: Artmed, 2018.

FERREIRA, Hugo Monteiro (org.). *A educação integral e a transdisciplinaridade.* Recife: Editora/Gráfica MXM, 2018.

——————. A escola abstrata e os traços identitários de crianças e adolescentes. In: MIRANDA, Humberto da Silva; CABRAL, Maria das Mercês Cavalcanti; GOMES, Valéria Severina (orgs.). *Direitos da criança e do adolescente.* 1. ed. Recife: Liceu, 2018, v. 1, p. 35-41.

——————. *A literatura na sala de aula:* uma alternativa de ensino transdisciplinar. 2007. 377f. Tese (doutorado em Educação) — Universidade Federal do Rio Grande do Norte, Natal, 2007.

——————. (org.) *As infâncias, as adolescências e as juventudes:* a pesquisa transdisciplinar. Curitiba: CRV, 2021.

——————. O exercício do pensar sobre os preconceitos: como adolescentes homossexuais são vistos pelos(as) professores(as) na escola?. *LER - Leitura em Revista*, v. 1, p. 120-1, 2017.

——————. O sofá estampado: a vez e a voz da infância, questões de direitos humanos. In: YUNES, Eliana; CAMELO, Francisco (orgs.) *Lygia B: alma de Andersen.* Lygia Bojunga em Concerto. Saberes em Diálogo, 2021, p. 214-233.

——————; MACHADO, Alexsandro dos Santos. A intuição como fundamento do ensino das artes em tempos de revisão paradigmática. *Revista Digital do LAV*, v. 8, p. 118-142-142, 2015.

——————; SANTOS, José Aniervson Souza dos. Drogas, vulnerabilidades e relacionamentos contemporâneos. In: GARCIA, Frederico *et al.* (org.) *Vulnerabilidade e o uso de drogas.* 1. ed. Belo Horizonte: 3i Editora, 2016, v. 1, p. 75-90.

FRANKL, Viktor E. *O sofrimento de uma vida sem sentido:* caminhos para encontrar a razão de viver. São Paulo: É Realizações, 2015.

——————. *Psicoterapia e sentido da vida:* fundamentos da logoterapia e análise existencial. São Paulo: Quadrante, 2004.

FREUD, Sigmund. *Os instintos e suas vicissitudes.* Rio de Janeiro: Imago, 2013. v. XIV. (Obras completas).

GAPPA BROTAS. Aumenta número de casos de Aids entre jovens de 15 a 24 anos 4 fev. 2020. Disponível em: <https://www.gappabrotassp.org.br/2020/02/04/aumenta-numero-de-casos-de-aids-entre-jovens-de-15-a-24-anos/>.

GOLEMAN, Daniel. *Inteligência emocional:* a teoria revolucionária que redefine o que é ser inteligente. 2. ed. Rio de Janeiro: Objetiva, 2012.

KLEBOLD, Sue. *O acerto de contas de uma mãe.* São Paulo: Verus, 2016.

KORCZAK, Janusz. *Como amar uma criança.* São Paulo: Paz e Terra, 2012.

_____. *Diário do gueto.* Tradução: Jorge Rochtlitz. São Paulo: Perspectiva, 1999. (Coleção Elos.)

_____. *Quando eu voltar a ser criança.* 14. ed. São Paulo: Summus, 2015.

LARANJEIRA, Ronaldo. Dependência química. [Entrevista concedida a Drauzio Varella]. *Drauzio Varella,* 19 out. 2011. Disponível em: <https://drauziovarella.uol.com.br/entrevistas-2/dependencia-quimica-entrevista/>.

LEMOS, André. *Cibercultura:* tecnologia e vida social na cultura contemporânea. Sulina: Porto Alegre, 2010.

LIBÓRIO, Renata Maria Coimbra; KOLLER, Silvia Helena (orgs.). *Adolescência e juventude:* risco e proteção na realidade brasileira. São Paulo: Casa do Psicólogo, 2009.

LIMA, Elaine Cristiane de Carvalho. *A adolescência e o uso abusivo de álcool:* o papel do conselho tutelar no município de Caruaru-PE nos anos de 2014 e 2015. 2017. Monografia (Especialização em Direitos da Criança e do Adolescente) — Universidade Federal Rural de Pernambuco, 2017.

LIMA, Maurício. Alcoolismo na adolescência. [Entrevista concedida a Drauzio Varella]. *Drauzio Varella,* 30 ago. 2011. Disponível em: <https://drauziovarella.uol.com.br/drogas-licitas-e-ilicitas/alcoolismo-na-adolescencia-entrevista/>.

LIRA, Cynthia Ferreira de. *Percepções transdisciplinares sobre a infância em tempos de adultização.* Recife: Editora do Autor, 2014.

MAFFESOLI, Michel. *A parte do diabo:* resumo da subversão pós-moderna. Rio de Janeiro: Record, 2015.

_____. *Elogio da razão sensível.* Trad. Albert Christophe Migueis Stuckenbruck. Petrópolis, RJ: Vozes, 2014.

A GERAÇÃO DO QUARTO

———————— *O tempo das tribos.* Rio de Janeiro: Forense Universitária, 2005.

MANNHEIM, Karl. O problema sociológico das gerações. Trad. Cláudio Marcondes. In: FORACCHI, Marialice M. (org.). *Karl Mannheim:* sociologia. São Paulo: Ática, 1964. p. 67-95.

MORIN, Edgar. *A cabeça bem-feita:* repensar a reforma, reformar o pensamento. 21. ed. Rio de Janeiro: Bertrand Brasil, 2013.

———————— *Os sete saberes necessários à educação do futuro.* São Paulo: Cortez, 2010.

NASIO, J. D. *Como agir com um adolescente difícil:* um livro para pais e profissionais. Rio de Janeiro: J. Zahar, 2011.

Opas/OMS. América Latina e Caribe têm a segunda taxa mais alta de gravidez na adolescência no mundo. Disponível em: <https://www.paho.org/pt/noticias/28-2-2018-america-latina-e-caribe-tem-segunda-taxa-mais-alta-gravidez-na-adolescencia-no>.

QUINTANILLA, Ronaldo. Uso abusivo de álcool na adolescência pode "deformar" o cérebro. *O Tempo,* 11 out. 2018. Disponível em: < https://www.otempo.com.br/interessa/saude-e-ciencia/abuso-de-alcool-na-adolescencia-pode-deformar-o-cerebro-1.2053412>.

RAMOS, Tatiane Mitleton Borges; PEDRÃO, Luiz Jorge. Acolhimento e Vínculo em um Serviço de Assistência a Portadores de Transtornos Alimentares. *Paideia* (Ribeirão Preto), v. 23, p. 113-120, 2013.

ROUDINESCO, Elisabeth. *A família em desordem.* Tradução de Renato Aguiar. Rio de Janeiro: J. Zahar, 2013. 199 p.

SÁ, Eduardo. *O Ministério das Crianças adverte:* brincar faz bem à saúde. São Paulo: Leya, 2015.

SANTOS, Patrícia Leila dos. Problemas de Saúde Mental de Crianças e Adolescentes Atendidos em um Serviço Público de Psicologia Infantil. *Psicologia em Estudo,* Maringá, v. 11, n. 2, p. 315-321, mai./ago. 2006.

SCARTON, Suzy. Pesquisa avalia impacto da violência nas escolas. *Jornal do Comércio,* 25 abr. 2018. Disponível em: <https://www.jornaldocomercio.com/_conteudo/2018/04/geral/623841-pesquisa-avalia-impacto-da-violencia-nas-escolas.html>.

SIEGEL, Daniel J. *Cérebro do adolescente*: o grande potencial, a coragem e a criatividade da mente dos 12 aos 24 anos. São Paulo: nVersos, 2015.

SILVA, Michelle F. Arruda; SIQUEIRA, A. Cardoso. O perfil de adolescentes com comportamentos de autolesão identificados nas escolas estaduais em Rolim de Moura, RO. *Revista Farol*, v. 3, n. 3, p. 9-20, mar. 2017.

SOLOMON, Andrew. *O demônio do meio-dia*: uma anatomia da depressão. Tradução Myriam Campello. São Paulo: Companhia das Letras, 2014.

VASCONCELOS, Ricardo. HIV e prevenção das IST. [Entrevista concedida a Mariana Varella]. *Drauzio Varella*, 5. jul. 2018. Disponível em: <https://drauziovarella.uol.com.br/videos/entrevistas-em-video/hiv-e-prevencao-das--ist-ricardo-vasconcelos>.

VIEIRA, Marlene A. *et al*. Saúde mental na escola. In: BRESSAN, Estanislau; AFFONSECA, Rodrigo Bressan. *Saúde mental na escola*: o que os educadores devem saber. Porto Alegre: Artmed, 2014.

ZORZOLI, Matteo. *Hikikomori* está crescendo: milhares de jovens em autorreclusão em casa. Trad. Luisa Rabolini. Instituto Humanitas UNISINOS, 20 fev. 2018. Disponível em: <http://www.ihu.unisinos.br/78-noticias/576189--hikikomori-esta-crescendo-milhares-de-jovens-em-auto-reclusao-em-casa>.

Este livro foi composto na tipografia Minion Pro,
em corpo 11/15, e impresso em
papel off-white no Sistema Cameron da
Divisão Gráfica da Distribuidora Record.